KB092041

Discover Korean

Workbook

Byung-Geuk Kim, Kyungsook Kim, Jooyeon Kang, Jin Mi Kwon,
Hwaja Park, Hyechung Cho, Hyeon Ho Lee
English editor: Terry Nelson

Pagijong Press Inc.

머리말

본 워크북은 한글을 처음 접하는 학습자들이 교과서를 통해 이해한 다양한 문법과 표현들을 효과적으로 익히도록 구성되었습니다. 이를 위해 저자들은 학습자의 통합적인 언어 기능의 연습과 활용에 중점을 두고 본 워크북을 집필하였습니다.

1과에서는 학습자들이 한글 자모와 다양한 단어 읽기 연습을 통해서 한국어의 기초적인 읽기와 쓰기 능력을 단계적으로 익혀 나갈 수 있도록 문항을 구성하였습니다. 그리고 2과부터 6과까지는 각 단원에서 새롭게 소개된 어휘와 문법을 활용하여 학습자들이 말하기, 읽기, 듣기 및 쓰기 영역을 통합적으로 연습할 수 있는 문항들을 구성하였습니다.

첫 번째 어휘 영역은 각 단원의 기본 어휘를 연습할 수 있는 문항들로 구성되어 있습니다. 본 워크북은 어휘를 효과적으로 익히기 위한 오디오 자료 뿐만 아니라 학습자들이 단어의 의미를 시각적으로 이해하고 습득할 수 있도록 다양한 삽화를 통한 어휘 연습 자료들을 제공하고 있습니다.

두 번째 문법 영역에서는 학습자들이 교과서의 각 단원에서 학습한 문법적인 요소를 다양한 예문을 통하여 적용해 볼 수 있는 문항들을 제시하고 있습니다.

세 번째 영역은 말하기 및 읽기 연습을 위한 영역으로, 다양한 상황의 담화들을 통하여 학습자들이 한국어 의사 소통 능력을 향상시킬 수 있도록 하는 문항들로 구성하였습니다. 이것은 본 교재가 주어진 상황 속에서 학습자들이 적절한 언어를 사용하여 의사 소통할 수 있는 능력을 키우는 의사소통적 접근 방법에 기반을 두고 있기 때문입니다. 또한, 이 영역에서는 교과서 단원의 주제를 중심으로 읽기 텍스트들을 다양하게 제시하여 학습자들의 읽기와 이해 능력을 확장해서 연습해 볼 수 있도록 하였습니다.

네 번째 영역에서는 듣기 및 쓰기를 통합적으로 연습할 수 있는 문제들로 구성하였습니다. 이 영역에서는 기본적인 일상 생활에서 자주 접할 수 있는 다양한 듣기 상황들을 제시함으로써 학습자들이 실생활을 바탕으로 한 기초적인 듣기와 쓰기 능력을 키울 수 있도록 하였습니다.

나아가 학습자들의 한국어 능력 시험(TOPIK)에 대한 관심을 반영하여 실제 한국어 능력 시험과 유사한 형태의 말하기, 읽기, 듣기, 쓰기 영역의 문항들을 추가하였습니다. 이를 통해 한국어 능력 시험에 응시하고자 하는 학생들은 보다 실전 문제에 친근해 질 수 있을 것으로 기대됩니다.

끝으로 본 교재가 한국어를 외국어로 배우는 학습자들에게 유익한 학습 자료로 활용되어지기를 기대합니다.

2020년 5월
앨버타 대학교 한국어 프로그램, 김병극 Ph. D.
공동 저자: 김경숙, 강주연, 권진미, 박화자, 조혜정, 이현호

Preface

This workbook will be most effective when used in conjunction with the textbook Discover Korean I, as it aims to help novice learners of Korean to practice and effectively use the grammar and various expressions introduced in that text. To facilitate the learning process, the authors have followed an integrated skills approach, with the practice and use of all four skills included in all six units except unit 1.

In unit 1, we have included questions to help learners acquire the basic reading and writing skills of Korean through a step by step approach. We have included a pronunciation focus, as well. Learners can learn the pronunciation of various vocabulary items based on their understanding of the Hangul alphabet. Units 2 – 6 encourage learners to practice speaking, reading, listening and writing in an integrated way utilizing newly-introduced vocabulary and grammar in each unit.

The first section of each unit consists of questions that allow learners to practice the basic vocabulary of the unit. Vocabulary acquisition is facilitated by audio materials and a variety of illustrations, both of which provide meaningful additional practice.

The second section of each unit contains examples to help learners apply the grammatical concepts learned in the unit.

The third section consists of questions that allow learners to practice speaking and reading. The questions serve to guide learners in improving their ability to communicate in various situations. This is because the workbook is based on a communicative language teaching approach to foster the development of communication skills most appropriate for the real world. This section also provides various reading materials relating to the topic of each textbook unit to develop learners' reading skills, expand their knowledge, and enhance their understanding of grammar and vocabulary, all in ways which can be applied to their daily communication.

The fourth section includes questions for listening and writing practice. This section makes use of high frequency, real world listening materials which allow learners to apply and utilize basic listening and writing skills in a variety of real-life situations.

In addition, given current learners' interest in the Test of Proficiency in Korean (TOPIK), the authors have included reading and listening questions in the fourth section that are similar to those on the test. This provides learners an opportunity to familiarize themselves with the question style on the test prior to taking it.

In closing, we would like to wish you, the Korean language learner, the best of luck in your studies. We sincerely hope that this workbook proves to be a useful resource on your journey.

May, 2020
Byung-Geuk Kim, Ph.D, Korean Language Program, University of Alberta
Co-authors: Kyungsook Kim, Jooyeon Kang, Jin Mi Kwon,
Hwaja Park, Hyechung Cho, Hyeon Ho Lee

목차

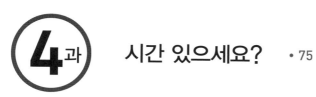

4과 시간 있으세요? • 75

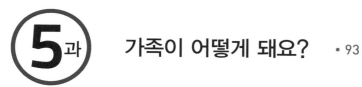

5과 가족이 어떻게 돼요? • 93

6과 지금 몇 시예요? • 111

Workbook

1과

한글

1 Vowels

(1) Simple and double vowels

Simple vowels	Double vowels	Writing practice			
ㅏ	ㅑ	ㅏ	ㅑ	ㅏ	ㅑ
ㅓ	ㅕ				
ㅗ	ㅛ				
ㅜ	ㅠ				
ㅐ	ㅒ				
ㅔ	ㅖ				
ㅡ					
ㅣ					

Simple vowels		Double vowels	Writing practice			
ㅗ	ㅏ	과	과			
	ㅐ	괘	괘			
	ㅣ	괴	괴			
ㅜ	ㅓ	궈	궈			
	ㅔ	궤	궤			
	ㅣ	귀	귀			
ㅡ	ㅣ	긔	긔			

(2) Practice writing all the Korean vowels.

아				어			
오				우			
애				에			
으				이			
야				여			
요				유			
얘				예			
와				왜			
외				워			

웨				위			
의							

2 Consonants

(1) Simple and double consonants

Simple consonants	Double consonants	Writing practice				
ㄱ	ㄲ	ㄱ			ㄲ	
ㄴ						
ㄷ	ㄸ	ㄷ			ㄸ	
ㄹ						
ㅁ						

ㅂ	ㅃ	ㅂ			ㅃ		
ㅅ	ㅆ	ㅅ			ㅆ		
ㅇ							
ㅈ	ㅉ	ㅈ			ㅉ		
ㅊ							
ㅋ							
ㅌ							
ㅍ							
ㅎ							

(2) Practice writing all the Korean consonants.

ㄱ				ㄴ			
ㄷ				ㄹ			
ㅁ				ㅂ			
ㅅ				ㅇ			
ㅈ				ㅊ			
ㅋ				ㅌ			
ㅍ				ㅎ			
ㄲ				ㄸ			
ㅃ				ㅆ			
ㅉ							

Lesson 1

Lesson 2

Lesson 3

Lesson 4

Lesson 5

Lesson 6

(3) Summary of Korean consonants and vowels

• Consonants (19)

  – <u>Simple</u> (14)

    • Plain (9):

ㄱ								

    • Aspirated (5):

ㅋ								

  – <u>Double</u> (Tense) (5):

ㄲ						

• Vowels (21)

  – <u>Simple</u> (8):

ㅏ							

  – <u>Double</u> (13)

    • y + vowel (6): ㅑ

    • w + vowel (6): ㅘ   ㅝ

    • ŭ + i (1):

3　Korean syllables

(1) Make syllables without finals in each blank　(2) Make syllables with finals in each blank

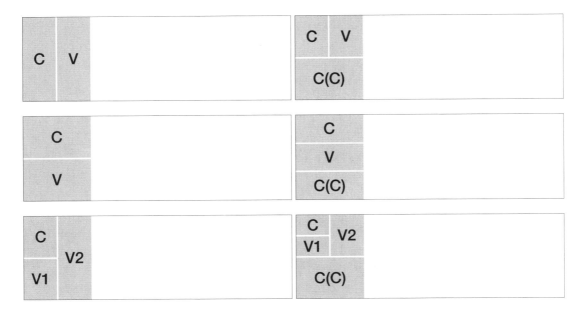

(3) Practice writing the syllables without a final.

	ㅏ	ㅓ	ㅗ	ㅜ	ㅐ	ㅔ	ㅡ	ㅣ	ㅑ
ㄱ									
ㄴ									
ㄷ									
ㄹ									
ㅁ									
ㅂ									
ㅅ									
ㅇ									
ㅈ									
ㅊ									
ㅋ									
ㅌ									
ㅍ									
ㅎ									

(4) Practice reading and writing Korean words which do not have finals.

아기	어머니	아버지	투수
오리	버스	기차	나비

바구니	포크	코	토끼

가구	누나	어디	우유

나무	모기	보이다	시계

머리	바지	마스크	스키

쿠키	여자	빠르다	차표

파리	포도	호루라기	야채

Lesson 1
Lesson 2
Lesson 3
Lesson 4
Lesson 5
Lesson 6

소	도로	더하기	하모니카

혀	호두	초코	미키

토마토	타이어	코트	타조

쓰레기	피노키오	커피	너구리

해바라기	주사	치마	개미

초	치즈	고추	부츠

라디오	캐나다	아프리카	카드

튜브	퓨마	소파	휴지

Lesson 1

Lesson 2

Lesson 3

Lesson 4

Lesson 5

Lesson 6

호수	거위	허리띠	게

후추	과자	뇌	교수

뭐	왜	스웨터	가위
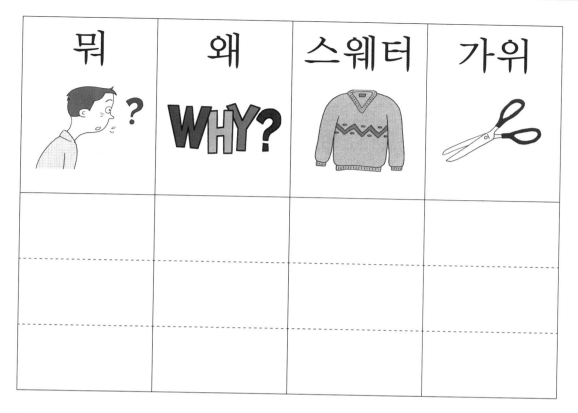			

(5) Practice reading and writing Korean words which have "ㄴ, ㅁ, ㅇ" finals.

① ㄴ final

우산	화분	자전거	수건

주전자	전화기	휴대폰	돈

② □ final

감자	밤나무	사슴	곰

아이스크림	다람쥐	참외	잠자리

③ ○ final

가방	휴지통	호랑이	펭귄

사탕	비행기	공	고양이

(6) Practice reading and writing Korean words which have a "ㄹ" final.

선물	딸기	코알라	고릴라

마늘	거울	돌고래	코뿔소

(7) Practice reading and writing Korean words which have "ㄱ,ㅋ,ㄲ / ㄷ,ㅌ,ㅅ,ㅆ,ㅈ,ㅊ,ㅎ / ㅂ,ㅍ" finals.

① ㄱ, ㅋ, ㄲ finals

약	목	호박	악어

책	식탁	낚시	부엌

② ㄷ, ㅌ, ㅅ, ㅆ, ㅈ, ㅊ, ㅎ finals

받다	솥	옷	갔다

32

젖소	꽃	낳다	쌓다

③ ㅂ, ㅍ finals

입	밥	컵	접시

잎	앞	엎	숲

(8) Match the Korean words below with the corresponding English words from the box.

class	taxi	roommate	hamburger	computer	pizza	building
radio	sports	cake	party	tennis	coffee	bus
ice cream		orange juice	television	Canada	campus	

① 케이크 _____

② 커피 _____

③ 컴퓨터 _____

④ 아이스크림 _____

⑤ 오렌지 주스 _____

⑥ 택시 _____

⑦ 텔레비전 _____

⑧ 스포츠 _____

⑨ 캐나다 _____

⑩ 클래스 _____

⑪ 빌딩 _____

⑫ 캠퍼스 _____

⑬ 룸메이트 _____

⑭ 햄버거 _____

⑮ 라디오 _____

⑯ 피자 _____

⑰ 버스 _____

⑱ 테니스 _____

(9) Make your own Korean name card.

(Front)

My Korean name card

(Back)

My name card

안녕하세요?

저는 _____

예요/이에요/입니다.

반가워요/ 반갑습니다.

Lesson 1

Lesson 2

Lesson 3

Lesson 4

Lesson 5

Lesson 6

4 Pronunciation rules (Write as they are pronounced)

(1) Syllable—final closure

잎　_____　　　　　옷　_____

낮　_____　　　　　빛　_____

꽃　_____

(2) Resyllabification

잎이　_____　　　　옷을　_____

낮에　_____　　　　빛이　_____

꽃이　_____

(3) Tensification

잎과　_____　　　　옷도　_____

낮과　_____　　　　빛조차　_____

꽃가마　_____

(4) Nasal assimilation

일학년　_____　　　이학년　_____

삼학년　_____　　　사학년　_____

반갑습니다　_____　고맙습니다　_____

(5) Extended exercises

국민　_____　　　　막내　_____

있는　_____　　　　듣는다　_____

입는　_____　　　　앞문　_____

(6) Double consonant reduction

① Double finals (ㄲ, ㅆ)

있어요 _____   갔어요 _____

닦아요 _____   낚아요 _____

② Other double finals (ㄱㅅ, ㄴㅈ, ㄴㅎ, ㄹㅂ, ㄹㅅ, ㄹㅌ, ㄹㅎ, ㅂㅅ)

넋 _____   넋이 _____

앉다 _____   앉아요 _____

많소 _____   넓어요 _____

외곬 _____   훑다 _____

싫소 _____   값 _____

③ Double finals (ㄹㄱ, ㄹㅁ, ㄹㅍ)

닭 _____   삶 _____

읊다 _____   읽다 _____

읽어요 _____

1 Listen and circle the syllables you hear.

(1) ① 아   ② 어   ③ 오   ④ 우

(2) ① 애   ② 으   ③ 이   ④ 오

(3) ① 오   ② 으   ③ 아   ④ 어

(4) ① 으   ② 에   ③ 이   ④ 우

(5) ① 아야   ② 어여   ③ 애예   ④ 우유

(6) ① 에예   ② 오요   ③ 어여   ④ 우유

(7) ① 와   ② 의   ③ 왜(외, 웨)

(8) ① 워   ② 위   ③ 웨(외, 왜)

(9) ① 의   ② 워   ③ 위

2 Listen carefully and write the vowels you hear.

(1)	(2)	(3)	(4)	(5)
아				
(6)	(7)	(8)	(9)	(10)
야				

3 Listen and circle the syllables you hear.

(1) ① 가   ② 나   ③ 다   (2) ① 로   ② 모   ③ 보

(3) ① 서   ② 어   ③ 저   (4) ① 치   ② 키   ③ 티

(5) ① 푸   ② 후   ③ 구   (6) ① 꾸   ② 뚜   ③ 뿌

(7) ① 쑤   ② 쭈   ③ 꼬   (8) ① 구   ② 쿠   ③ 꾸

(9) ① 뒤   ② 튀   ③ 뛰   (10) ① 바   ② 파   ③ 빠

(11) ① 소   ② 쏘   ③ 꼬   (12) ① 저   ② 처   ③ 쩌

(13) ① 가   ② 까   ③ 카   (14) ① 그   ② 끄   ③ 크

(15) ① 개   ② 깨   ③ 캐   (16) ① 도   ② 또   ③ 토

(17) ① 무   ② 부   ③ 푸   (18) ① 버   ② 뻐   ③ 퍼

(19) ① 지   ② 시   ③ 씨   (20) ① 조   ② 쪼   ③ 초

(21) ① 쥐   ② 죄   ③ 좌   (22) ① 회   ② 최   ③ 외

4 Listen carefully and write the consonants you hear.

(1)	(2)	(3)	(4)	(5)
가				
(6)	(7)	(8)	(9)	(10)
로				

5 Listen and circle the words you hear.

(1) ① 지다 ② 시다 ③ 치다

(2) ① 가다 ② 끄다 ③ 크다

(3) ① 보다 ② 푸다 ③ 피다

(4) ① 모자 ② 피자 ③ 부자

(5) ① 소비 ② 수비 ③ 사비

(6) ① 자기 ② 조기 ③ 저기

(7) ① 고기 ② 거기 ③ 그기

(8) ① 나무 ② 너무 ③ 노모

(9) ① 시계 ② 시기 ③ 시구

(10) ① 카피 ② 커피 ③ 코피

(11) ① 무리 ② 부리 ③ 머리

(12) ① 흐흐 ② 허허 ③ 호호

6 Listen and circle the syllables you hear.

(1) ① 몸 ② 봄　　(2) ① 물 ② 불 ③ 뿔

(3) ① 술 ② 솔　　(4) ① 솜 ② 손 ③ 송

(5) ① 거울 ② 겨울　　(6) ① 반 ② 밤 ③ 방

7 **Listen and circle the syllables you hear.**

(1) ① 속   ② 솥   ③ 솝

(2) ① 옥   ② 옷   ③ 옵

(3) ① 북   ② 붓   ③ 붑

(4) ① 꼭   ② 꽃   ③ 꼽

(5) ① 독   ② 돗   ③ 돕

8 **Listen and write the missing syllables in the blanks.**

(1) 케 [　　] 크   (2) 스포 [　　]   (3) 버 [　　]

(4) [　　] 나나   (5) [　　] 릴라   (6) [　　] 즈

(7) [　　] 스크   (8) 테 [　　] 스   (9) 샤 [　　]

(10) [　　] 리스마스   (11) 스웨 [　　]   (12) 소 [　　]

(13) 코 [　　] 라   (14) [　　] 퓨터   (15) 아이스크 [　　]

Workbook

안녕하세요?

1 Listen and find the picture that corresponds to each word you hear. Write the word below the picture.

학생 선생님 여자 남자			
			학생

2 Listen and find the picture that corresponds to each word you hear. Write the word below the picture.

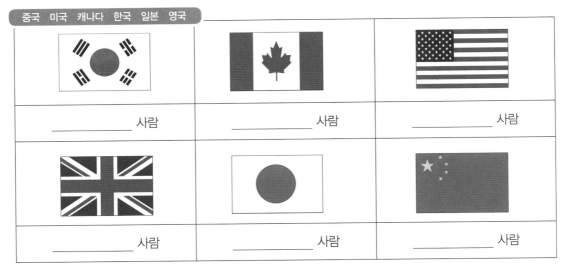

중국 미국 캐나다 한국 일본 영국		
_____ 사람	_____ 사람	_____ 사람
_____ 사람	_____ 사람	_____ 사람

3 Listen and find the number that corresponds to each word you hear. Write the word below the number.

삼학년 일학년 사학년 이학년			
1	**2**	**3**	**4**
_____ 학년	_____ 학년	_____ 학년	_____ 학년

4 Listen and find the picture that corresponds to each word you hear. Write the word below the picture.

책 시계 한국어 반 책상

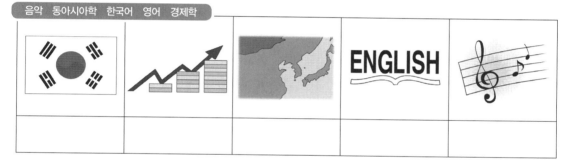

5 Listen and find the picture that corresponds to each word you hear. Write the word below the picture.

음악 동아시아학 한국어 영어 경제학

1 **Fill in the blank with 은 or 는 after the following names.**

(1) 저스틴 ☐　　　　(2) 줄리아 ☐　　　　(3) 이민호 ☐

(4) 아만다 ☐　　　　(5) 빌 ☐　　　　(6) 오바마 ☐

(7) 폴 ☐　　　　(8) 제니퍼 ☐　　　　(9) 엠마 ☐

2 **Complete the sentence with 예요 or 이에요.**

(1) 저는 서리나 ☐　　　　(2) 저는 학생 ☐

(3) 저는 마이클 ☐　　　　(4) 저는 저스틴 ☐

(5) 저는 줄리아 ☐　　　　(6) 저는 선생님 ☐

3 **Create a sentence for each picture as shown in the example.**

	서리나 / 캐나다 사람	(1) 서리나는 캐나다 사람이에요.
	벤 / 학생	(2) _____.
	줄리아 / 2학년	(3) _____.
	샤닐 / 남자	(4) _____.

46

	저 / (Your nationality) 사람	(5) _____.

Lesson 1
Lesson 2
Lesson 3
Lesson 4
Lesson 5
Lesson 6

4 **Create a negative sentence for each picture as shown in the example.**

	서리나 / 미국 사람	(1) 서리나는 미국 사람이 아니에요.
	벤 / 선생님	(2) _____.
	줄리아 / 4학년	(3) _____.
	샤닐 / 여자	(4) _____.
	저 / 한국 사람	(5) _____.

5 Complete the dialogue for each picture, omitting the unnecessary elements.

(1) 서리나 / 캐나다 사람

서리나가 한국 사람이에요? <u>아니요, 한국 사람 아니에요. 캐나다 사람이에요.</u>

(2) 줄리아 / 중국 사람

줄리아가 미국 사람이에요? [   ].

(3) 벤 / 미국 사람

벤이 일본 사람이에요? [   ].

(4) 준 / 학생

준이 선생님이에요? [   ].

(5) 에디 / 요리사 (*요리사: the cook)

에디가 경찰관이에요? [   ].

(*경찰관: the police)

(6) 월터 / 회사원 (*회사원: the office worker)

월터가 기자예요? [   ].

(*기자: the reporter)

6 Complete the sentences, using the subject particle 이 or 가.

(1) 벤	(벤이) 학생이에요.
(2) 서리나	_____ 캐나다 사람이에요.
(3) 준	_____ 3학년이에요.
(4) 나	_____ 선생님이에요.
(5) 저	_____ 서리나예요.
(6) 이름	_____ 뭐예요?
(7) 전공	_____ 뭐예요?

7 **Select an appropriate particle from the box for each blank below.**

| 은 | 는 | 이 | 가 | 도 |

(1) 저 [＿＿] 학생이에요. 저 [＿＿] 이학년이에요.

(2) 나 [＿＿] 일학년이에요. 서리나 [＿＿] 일학년이에요.

(3) 저 [＿＿] 한국 사람 [＿＿] 아니에요. 벤 [＿＿] 한국 사람이 아니에요.

(4) A: 전공 [＿＿] 뭐예요?　　　　　　B: 경제학이에요.

(5) A: 누가 중국 사람이에요? (*누가: who)　　B: 제 [＿＿] 중국 사람이에요.

(6) A: 누가 일학년 [＿＿] 아니에요?　　B: 줄리아 [＿＿] 일학년 [＿＿] 아니에요.

8 **Look at the picture and circle the appropriate word in the parentheses.**

(1) 　　(이게, 그게, 저게) 뭐예요?

(2) 　　(이게, 그게, 저게) 뭐예요?

(3) 　　(이게, 그게, 저게) 뭐예요?

(4) 　　(이게, 그게, 저게) 뭐예요?

(5) (이게, 그게, 저게) 뭐예요?

1 **Choose the correct Korean translations for the English expressions below.**

(1) Hello!
① 안녕아세요?   ② 안녕이에요?
③ 안녕하세요?   ④ 안녕해요?

(2) Nice to meet you.
① 반가어요.   ② 반가붜요.
③ 방갑아요   ④ 반가워요.

2 **Choose the appropriate word or response for each blank below.**

(1) 줄리아: 안녕하세요? 저는 줄리아예요.
　　제니: 안녕하세요? _____ 제니예요.
① 저도   ② 제가
③ 나는   ④ 저는

(2) 서리나: 저는 일학년이에요.
　　벤: 그래요? _____ 일학년이에요.
① 저도   ② 제가
③ 나는   ④ 저는

(3) 벤: 서리나는 한국 사람이에요?
　　서리나: _____.
① 네, 학생이에요.   ② 아니요, 한국 사람이 아니에요.
③ 아니요, 학생이 아니에요.   ④ 네, 서리나예요.

(4) 벤: 이름이 뭐예요?
　　서리나: _____.
① 네, 저는 학생이에요.   ② 저는 서리나예요.
③ 동아시아학이에요.   ④ 저는 경제학이에요.

(5) 서리나: 이게 뭐예요?
　　벤: _____.
① 책이에요.   ② 벤이에요.
③ 학생이 아니에요.   ④ 학생이에요.

3 Read the narration below and decide if the sentences which follow are T(rue) or F(alse).

안녕하세요. 저는 준이에요. 저는 캐나다 사람이 아니에요. 저는 한국 사람이에요. 저는 3학년 학생이에요. 저는 한국어 반 조교*예요. 저는 전공이 교육학*이에요. 이 사람은 마크예요. 마크는 제 친구*예요. 마크는 학생이 아니에요. 마크는 요리사*예요. 마크는 캐나다 사람이에요. 마크는 친절해요. 저 사람은 제니예요. 제니는 필리핀 사람*이에요. 제니는 한국어 반 학생이에요. 제니는 전공이 음악이에요. 제니는 친절해요.

*조교: teaching assistant, *교육학: education *친구: friend, *요리사: a cook,
*필리핀 사람: a Philippine

(1) [ ] 준은 캐나다 사람이에요.

(2) [ ] 준은 학생이 아니에요.

(3) [ ] 마크는 한국어 반 학생이에요.

(4) [ ] 마크는 미국 사람이 아니에요.

(5) [ ] 제니는 전공이 음악이 아니에요.

(6) [ ] 제니는 친절해요.

1 **Listen and write the sentences you hear in the blanks.**

(1) 서리나: 안녕하세요? 저는 서리나예요.

벤: [   ].

(2) 서리나: 저는 일학년이에요.

로라: 그래요? 저도 일학년이에요.

준: [   ].

(3) 벤: 서리나는 한국 사람이에요?

서리나: [   ].

(4) 벤: [   ]?

서리나: 저는 서리나예요.

(5) 벤: 저게 뭐예요?

서리나: [   ].

2 **Listen to draw lines to each person's nationality and his or her school year.**

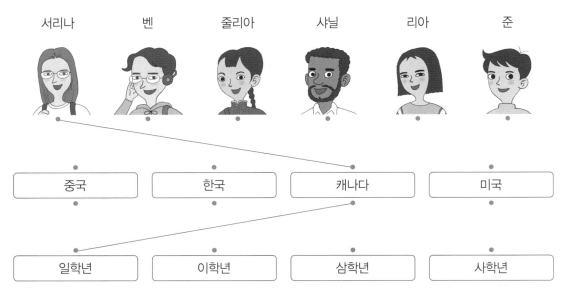

| 서리나 | 벤 | 줄리아 | 샤닐 | 리아 | 준 |

| 중국 | 한국 | 캐나다 | 미국 |

| 일학년 | 이학년 | 삼학년 | 사학년 |

3. Listen and write each person's identity in the box.

	Nationality	Status	School Year
(1) 서리나	캐나다 사람		
(2) 미쉘			
(3) 존			
(4) 마크			
(5) 알렉스			

4. Listen to connect the given words with each person's major.

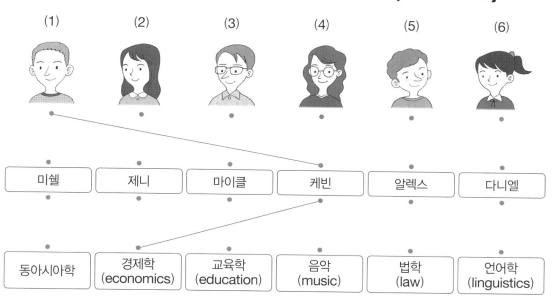

(1)	(2)	(3)	(4)	(5)	(6)

미쉘   제니   마이클   케빈   알렉스   다니엘

동아시아학   경제학 (economics)   교육학 (education)   음악 (music)   법학 (law)   언어학 (linguistics)

5. Circle the words you hear from the illustration, below. Then write the words in the boxes provided, according to the order you hear them.

신발	사과	창문
텔레비전	칠판	양말

	책		시계		꽃
전화		연필		지우개	
의자		가방		옷	
커피		필통		책상	
돈		침대		바나나	

(1)	(2)	(3)	(4)	(5)	(6)
가방					
(7)	(8)	(9)	(10)	(11)	(12)

6 Listen to the dialogue and fill in the blanks.

안녕하세요? 저는 벤이에요. 저는 (1) [   ] 아니에요. (2) [   ] 이에요.

저는 (3) [   ] 이에요. (4) [   ] 경제학이에요.

저는 한국어 (5) [   ] [   ] 이에요. 서리나, 샤닐, 줄리아도 한국어 반 학생이에요.

서리나는 (6) [   ] 사람이에요. 서리나 (7) [   ] 일학년이에요.

샤닐은 (8) [   ] 이에요. 줄리아는 (9) [   ] 이에요.

한국어 (10) [   ] 김유나 선생님이에요. 선생님은 한국 사람이에요.

선생님은 (11) [   ] .

7 Listen to the dialogue between Alex and Michelle, and write T(rue) or F(alse) for each sentence.

(1) [　　] 알렉스는 캐나다 사람이에요.

(2) [　　] 미쉘도 캐나다 사람이 아니에요.

(3) [　　] 알렉스는 이학년이 아니에요.

(4) [　　] 미쉘은 사학년이에요.

(5) [　　] 알렉스 전공은 동아시아학이 아니에요.

(6) [　　] 미쉘 전공은 경제학이 아니에요.

8 Listen to the narration and respond to the questions in Korean.

(1) [　　　　　　　　　　　　　　　　　　　　　　　　　　　　].

(2) [　　　　　　　　　　　　　　　　　　　　　　　　　　　　].

(3) [　　　　　　　　　　　　　　　　　　　　　　　　　　　　].

(4) [　　　　　　　　　　　　　　　　　　　　　　　　　　　　].

(5) [　　　　　　　　　　　　　　　　　　　　　　　　　　　　].

(6) [　　　　　　　　　　　　　　　　　　　　　　　　　　　　].

9 Listen to the questions and respond in Korean.

(1) [　　　　　　　　　　　　　　　　　　　　　　　　　　　　].

(2) [　　　　　　　　　　　　　　　　　　　　　　　　　　　　].

(3) [　　　　　　　　　　　　　　　　　　　　　　　　　　　　].

(4) [　　　　　　　　　　　　　　　　　　　　　　　　　　　　].

(5) [_____].

(6) [_____].

10 Write the sentences with proper spacing as in (1).

(1) 서리나는캐나다사람이에요.

| 서 | 리 | 나 | 는 | | 캐 | 나 | 다 | | 사 | 람 | 이 | 에 | 요 | . |

(2) 저는일학년이에요.

| | | | | | | | | | |

(3) 벤은사학년이아니에요.

| | | | | | | | | | | | | | |

(4) 이게뭐예요?

| | | | | | | |

(5) 이름이뭐예요?

| | | | | | | | |

(6) 마크는대학생이에요?

| | | | | | | | | | | |

(7) 아니요, 대학생이아니에요. 요리사예요.

| | | | | | | | | | | | | | | | |
| | | | | | |

(8) 줄리아도한국어반학생이에요.

(9) 준은선생님이아니에요. 학생이에요.

Workbook

3과

어디 있어요?

단어 (Vocabulary)

1 Listen and find the picture that corresponds to each word you hear. Write the word below the corresponding picture.

가방 아침 연필 모자 우산 음식 의자 칠판 커피 지우개 고양이

가방

2 Listen and find the picture that corresponds to each word you hear. Write the word below the corresponding picture.

기숙사 교실 대학교 도서관 방 빌딩 서점 식당 우체국 집

기숙사

3 **Listen and connect the actions to the corresponding words in the boxes.**

| (1) 로라 | (2) 케빈 | (3) 마이클 | (4) 리아 | (5) 미쉘 | (6) 다니엘 |

4 **Listen and draw lines to the appropriate adjectives according to what you hear.**

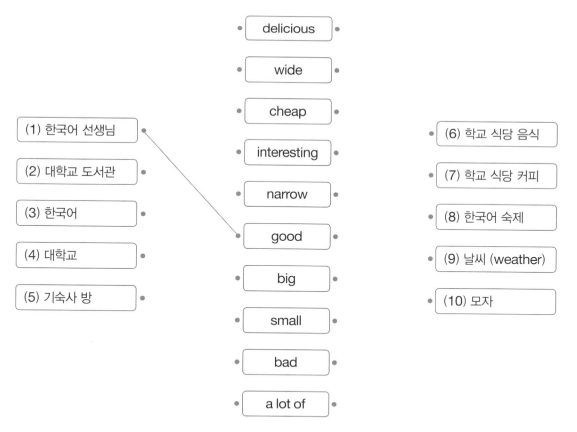

(1) 한국어 선생님

(2) 대학교 도서관

(3) 한국어

(4) 대학교

(5) 기숙사 방

delicious

wide

cheap

interesting

narrow

good

big

small

bad

a lot of

(6) 학교 식당 음식

(7) 학교 식당 커피

(8) 한국어 숙제

(9) 날씨 (weather)

(10) 모자

1 Translate the English phrases provided below into Korean to complete the sentences.

(1) 고양이가 | 책상 위 | 에 있어요.
　　　　　　　　　on top of the desk

(2) 가방이 |　　　　　　| 에 있어요.
　　　　　behind the chair

(3) 식당이 |　　　　　　| 에 있어요.
　　　next to the post office

(4) 연필이 |　　　　　　| 에 있어요.
　　　　inside the bag

(5) 서리나가 |　　　　　　| 에 있어요.
　　　in front of the library

(6) 우산이 |　　　　　　| 에 있어요.
　　　below the chair

2 Based on the picture provided below, mark the following statements T(rue) or F(alse).

(1) |　　| 서리나는 케빈 옆에 있어요.

(2) |　　| 샤닐은 케빈 옆에 있어요.

(3) |　　| 케빈은 벤 뒤에 있어요.

(4) |　　| 벤은 케빈 앞에 있어요.

(5) |　　| 준은 서리나 앞에 있어요.

3 Fill in the blanks, based on the following picture.

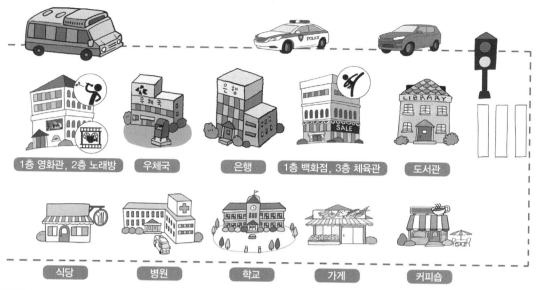

1층 영화관, 2층 노래방 　우체국　　　　은행　　1층 백화점, 3층 체육관　　도서관

식당　　　병원　　　학교　　　가게　　　커피숍

*영화관: movie theatre, 노래방: karaoke room, 은행: bank, 체육관: gym, 백화점: department store, 병원: hospital, 가게: shop, 커피숍: coffee shop

(1) 우체국은 병원 [　　　　　] 있어요.

(2) 가게는 백화점 [　　　　　] 있어요.

(3) 커피숍은 가게 [　　　　　] 있어요.

(4) 노래방은 영화관 [　　　　　] 있어요.

(5) 백화점은 체육관 [　　　　　] 있어요.

(6) A: 학교가 어디 있어요?

　　B: [　　　　　　　　　　　　　　　　　　　　　　].

(7) A: 체육관이 어디 있어요?

　　B: [　　　　　　　　　　　　　　　　　　　　　　].

4 Respond to the following questions, using the information in the picture.

(1) 가방 옆에 뭐가 있어요? 가방 옆에 책상이 있어요.

(2) 책상 앞에 뭐가 있어요? _____.

(3) 책상 위에 뭐가 있어요? _____.

(4) 책 옆에 뭐가 있어요? _____.

(5) 방 안에 뭐가 있어요? _____.

5 Fill in the blanks with the correct form of the particle 은 or 는.

(1) A: 체육관이 어디 있어요?　　　　　　　B: 체육관 ____ 식당 옆에 있어요.

　　A: 식당 ____ 어디 있어요?　　　　　　B: 식당 ____ 서점 옆에 있어요.

(2) A: 도서관 옆에 뭐가 있어요?　　　　　B: 우체국이 있어요.

　　A: 우체국 앞에 ____ 뭐가 있어요?　　B: 가게가 있어요.

(3) A: 방 안에 뭐가 있어요?　　　　　　B: 책상하고 의자가 있어요.

　　A: 책상 밑에 [　　　] 뭐가 있어요?　　B: 가방이 있어요.

(4) A: 서리나가 어디 있어요?　　　　　　B: 서리나 [　　　] 교실에 있어요.

　　A: 벤 [　　　] 어디 있어요?　　　　B: 벤 [　　　] 도서관에 있어요.

6 Fill in each blank with an appropriate particle from the box.

은	는	이	가	도	에	하고

(1) 서리나: 벤이 어디 있어요?

　　샤닐: 도서관 [　　　] 있어요.

　　서리나: 제니 [　　　] 어디 있어요?

　　샤닐: 제니 [　　　] 도서관 [　　　] 있어요.

(2) 서리나: 샤닐 [　　　] 캐나다 사람이에요?

　　준: 네, 샤닐 [　　　] 캐나다 사람이에요.

　　서리나: 벤 [　　　] 캐나다 사람이에요?

　　준: 아니요. 벤 [　　　] 캐나다 사람 [　　　] 아니에요. 미국 사람이에요.

(3) 서리나: 서점이 어디 있어요?

　　벤: 도서관 옆 [　　　] 있어요.

　　서리나: 도서관 [　　　] 어디 있어요?

　　벤: 토리 빌딩 뒤 [　　　] 있어요.

(4) 서리나: 이게 뭐예요?

벤: 가방이에요.

서리나: 그것 [____] 뭐예요?

벤: 시계예요.

(5) 벤: 이름 [____] 뭐예요?

서리나: 저 [____] 서리나예요.

벤: 그래요? 서리나 집 [____] 어디예요?

서리나: 제 집 [____] 기숙사예요.

벤: 서리나 방에 뭐 [____] 있어요?

서리나: 제 방에 책상 [____] 의자 [____] 있어요.

7 **Complete the translation of the following sentences into Korean.**

(1) The university has a big library.

→ 대학교는 [_____].

(2) The school cafeteria has cheap food.

→ 학교 식당은 [_____].

(3) I have many classes.

→ 저는 [_____].

(4) The library has many students.

→ 도서관은 [_____].

8 **Decide whether the following predicates are verbs or adjectives.**

크다	앉다	맛있다	넓다	좋다	많다	싸다	먹다	재미있다	숙제하다
Adj.									

9 Divide the following predicates into a stem and an ending.

Predicates	Stem	Ending
먹다	먹	다
싸다		
재미있다		
크다		
좋다		
가다		

10 Write the following verbs and adjectives in polite form.

Dictionary form	Polite form	Dictionary form	Polite form
좋다		괜찮다	
맛있다		이야기하다	
앉다		넓다	
많다		먹다	
재미있다		숙제하다	
작다		가다	가요
자다	자요	크다	커요

11 Choose the appropriate verbs or adjectives to describe the picture and write them with polite endings.

먹다	이야기하다	자다	숙제하다	가다	앉다

작다	많다	맛있다	싸다	넓다	좋다	나쁘다	재미있다	괜찮다	크다

			싸요	나빠요

12 **Complete the following sentences with the appropriate verbs. Use each verb only once.**

숙제하다	앉다	가다	이야기하다	먹다	하다

(1) A: 뭐 [　　　　　]? 　　　　 B: 한국어 [　　　　　].

(2) 어디에 [　　　　　]?

(3) A: 뭐 해요? 　　　　 B: 아침 [　　　　].

(4) 의자에 [　　　　].

(5) A: 친구하고 뭐 해요? 　　　　 B: 친구하고 [　　　　].

13 Complete the following sentences with the appropriate adjectives. Use each adjective only once.

재미있다	넓다	크다	싸다	맛있다	작다	많다

(1) 커피가 _____.

(2) 음식이 _____.

(3) 도서관이 _____.

(4) 학생이 _____.

(5) 한국어가 _____.

(6) 교실이 _____.

(7) 대학교가 _____.

14 Match the sentences and connect them using 그리고.

K-드라마(drama)도 재미있어요	많아요	도서관도 넓어요
친절해요 서점도 있어요	일본어도 공부해요	커피도 맛있어요

(1) 내 여자 친구는 재미있어요.

_____.

(2) 저는 한국어 공부해요.

_____.

(3) 저 빌딩에는 학교 식당이 있어요.

_____.

(4) 대학교는 아주 커요.

_____.

(5) 학교 식당은 음식이 참 싸요.

_____.

(6) 한국은 K-POP이 유명해요 (famous).

_____.

1 Choose the appropriate response for each sentence.

(1) A: 이거 선물이에요.

    B: _____.

① 고맙습니다.   ② 미안합니다.   ③ 안녕하세요?   ④ 괜찮습니다.

(2) A: 미안합니다.

    B: _____.

① 고맙습니다.   ② 안녕하세요?   ③ 감사합니다.   ④ 괜찮습니다.

2 Choose the appropriate word or response to answer the questions.

(1) A: 서리나가 어디 있어요?

    B: 서리나는 _____.

① 도서관이에요.   ② 도서관에 있어요.

③ 도서관이 있어요.   ④ 도서관에 가요.

(2) A: 학교 식당이 어디 있어요?

    B: 학교 식당은 _____.

① 도서관 옆에 가요.   ② 도서관 옆에 있어요.

③ 도서관이 커요.   ④ 옆에 도서관이에요.

(3) A: 휴지통 안에 뭐가 있어요?

    B: _____ 이/가 있어요.

① 고양이   ② 가방

③ 책   ④ 연필

(4) A: 저게 뭐예요?

    B: _____.

① 저건 책이에요.   ② 그건 벤이에요.

③ 저게 책이에요.   ④ 이건 책이에요.

(5) A: 교실 안에 뭐가 있어요?

    B: 책상 _____ 의자가 있어요.

① 는   ② 은   ③ 이   ④ 하고

(6) A: 학교 식당이 어때요?

　　B: 학교 식당은 _____.

① 음식이 맛있어요. 　　　　　　　　　　② 도서관 옆에 있어요.

③ 우체국 뒤에 있어요. 　　　　　　　　④ 대학교가 아니에요.

(7) A: 학교 도서관이 어때요?

　　B: 학교 도서관은 _____.

① 싸요. 　　　　② 맛있어요. 　　　　③ 넓어요. 　　　　④ 숙제해요.

(8) A: 지금 뭐 해요?

　　B: _____.

① 네, 숙제예요. 　　　　　　　　　　　② 아니요, 숙제가 아니에요.

③ 숙제해요. 　　　　　　　　　　　　　④ 숙제 있어요.

(9) A: 리아가 어때요?

　　B: 리아는 _____.

① 아주 넓어요. 그리고 커요. 　　　　　② 대학교가 아니에요.

③ 도서관에 있어요. 그리고 우체국에도 있어요. 　④ 친절해요. 그리고 재미있어요.

(10) A: 한국어가 재미있어요?

　　B: 네, 재미있어요. _____ 경제학은 재미없어요.

① 그리고 　　　　② 그런데 　　　　③ 하고 　　　　④ 도

3 **Read the narration below and decide if the sentences which follow are T(rue) or F(alse).**

서리나 집은 대학교 기숙사예요. 기숙사 방이 작아요. 서리나 방에는 책상하고 의자가 있어요. 책상 위에는 모자하고 가방이 있어요. 책상 밑에는 우산이 있어요. 서리나는 지금 도서관에 가요. 한국어가 아주 재미있어요. 그런데 숙제가 조금 많아요. 줄리아는 서리나 친구*예요. 줄리아는 지금 학교 식당에 가요. 학교 식당은 도서관 옆에 있어요. 학교 식당 음식이 싸요. 그리고 커피도 맛있어요.

*친구: friend

(1) [　　] 서리나 집은 기숙사에 있어요. 　　(2) [　　] 기숙사는 방이 커요.

(3) [　　] 책상 위에 모자하고 우산이 있어요. 　(4) [　　] 줄리아는 지금 도서관에 가요.

(5) [　　] 도서관은 학교 식당 옆에 있어요. 　(6) [　　] 학교 식당은 커피가 싸요.

1 **Listen and write the sentences you hear in the blanks provided.**

(1) A: 이거 선물이에요.　　　　　　　　B: [　　　　　　　　　　　　　] .

(2) A: 미안합니다.　　　　　　　　　　B: [　　　　　　　　　　　　　] .

(3) A: 대학교 도서관이 어때요?　　　　B: [　　　　　　　　　　　　　] .

(4) A: 학교 식당 커피가 어때요?　　　　B: [　　　　　　　　　　　　　] .

(5) A: 서리나가 어디 있어요?　　　　　B: 서리나는 [　　　　　　　] 있어요.

(6) A: 우산이 어디 있어요?　　　　　　B: 우산은 [　　　　　　　] 있어요.

(7) A: 오늘 뭐 해요?　　　　　　　　　B: [　　　　　　　　　　　　　] .

(8) A: 그게 뭐예요?　　　　　　　　　B: [　　　　　　　　] 이에요.

(9) A: 그 빌딩에 뭐가 있어요?　　　　B: [　　　　　　　　] 있어요.

(10) A: 한국어 수업이 재미있어요?　　B: 네, 재미있어요. [　　　　　]

2 **Listen to the sentences. Draw lines to show the location of the places in the illustration and fill in the blanks with position nouns.**

(1) 한국어 교실　(2) 기숙사　(3) 우체국　(4) 서점　(5) 도서관　(6) 식당

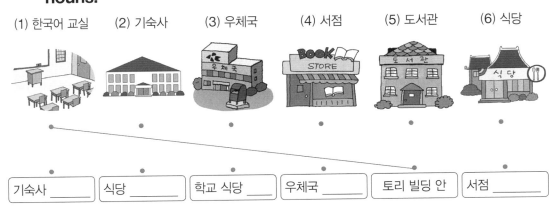

| 기숙사 ____ | 식당 _____ | 학교 식당 ____ | 우체국 _____ | 토리 빌딩 안 | 서점 _____ |

3 Listen to the narration and fill in the blanks.

서리나 _____ 대학교 기숙사예요. 기숙사 방이 _____.
서리나 방에는 책상하고 _____ 가 있어요.
책상 _____ 한국어 책 _____ 연필이 있어요.
책상 _____ 가방이 있어요. 서리나는 _____ 한국어 숙제해요.
한국어가 아주 _____. 그런데 숙제가 _____.
리아는 서리나 룸메이트*예요. 리아는 지금 학교 _____ 가요.
학교 식당은 섭빌딩 안에 있어요. 학교 식당 _____ 이 싸요.
그리고 _____.

*룸메이트: roommate

4 Listen to the dialogue and decide if each statement below is T(rue) or F(alse).

(1) [ ] 서리나는 학교 서점에 가요.　　(2) [ ] 서리나는 한국어 숙제가 있어요.

(3) [ ] 한국어 수업에 학생이 많아요.　　(4) [ ] 벤은 학교 식당에 가요.

(5) [ ] 학교 식당은 섭 빌딩 안에 있어요.　　(6) [ ] 학교 식당 커피는 싸요.

5 Listen to the narration and respond to the questions in Korean.

(1) 서리나 집은 어디에 있어요?

_____.

(2) 서리나는 지금 어디에 가요?

_____.

(3) 벤은 지금 어디 가요?

_____.

(4) 학교 식당에 뭐가 있어요? (Write the names of food in English, using '하고')

_____.

(5) 학교 도서관은 어때요?

[   ] .

6 **Listen to the questions and respond in Korean.**

(1) [   ] .

(2) [   ] .

(3) [   ] .

(4) [   ] .

(5) [   ] .

(6) [   ] .

Workbook

4과

시간 있으세요?

1 Listen and find the picture that corresponds to each word you hear. Write the word below the corresponding picture.

돈 차 물 주스 사전 옷 지갑 볼펜 빵 밥 사과 교과서					
	돈				

2 Listen and find the picture that corresponds to each word you hear. Write the word below the corresponding picture.

영화 문화 컴퓨터 내일 연구실 텔레비전					

3 Listen and find the picture that corresponds to each word you hear. Write the word below the corresponding picture.

시험 친구 오늘 질문 시간				
_____	_____이 있어요.	_____봐요.	우리는 _____예요.	_____이 있어요.

4 Listen and find the picture that corresponds to each word you hear. Write the word below the corresponding picture.

알다 만나다 읽다 공부하다 가르치다 마시다

5 Listen and find the picture that corresponds to each word you hear. Write the word below the corresponding picture.

전화하다 들어오다 수영하다 인사하다 좋아하다

6 Listen and find the picture that corresponds to each word you hear. Write the word below the corresponding picture.

있다 없다 바쁘다 재미없다 맛없다

1 The pictures below indicate which items belong to which person. Decide if the sentences which follow are (T)rue or (F)alse.

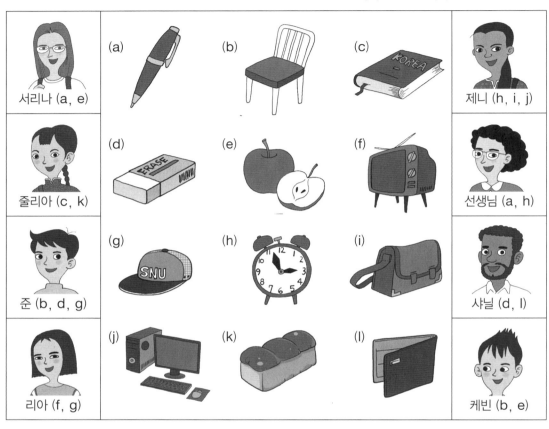

(1) ☐ 서리나는 사과가 있어요.   (2) ☐ 샤닐은 모자가 없어요.

(3) ☐ 준은 지우개가 없어요.   (4) ☐ 리아는 가방이 있어요.

(5) ☐ 케빈은 의자가 없어요.   (6) ☐ 선생님은 시계가 있어요.

(7) ☐ 제니는 컴퓨터가 있어요.   (8) ☐ 줄리아는 빵이 없어요.

2 Look at the pictures and complete the sentences.

서리나	벤	줄리아	준	저
교과서	시험	시간	질문	한국어 수업

(1) 서리나는 [교과서가 있어요.]

(2) 벤은 [   ].

(3) 줄리아는 [   ].

(4) 준은 [   ].

(5) 저는 [   ].

3 Fill in the blank with 있다 or 없다 with its polite ending.

(1) 서리나: 오늘 수업이 [   ]?

　　벤: 아니요. 오늘 수업이 [   ].

(2) 선생님: 벤, 질문이 [   ]?

　　벤: 네, [   ].

(3) 벤: 오늘 숙제가 [   ]?

　　선생님: 아니요, 오늘 숙제가 [   ].

(4) 서리나: 준, 오늘 시간이 [   ]?

　　준: 아니요. 시간이 [   ]. 오늘은 바빠요.

4 Complete the dialogue using the suggested word.

| 시간 | 교과서 | 지우개 | 우산 | 모자 |

(1) A: <u>지우개 있어요?</u>

B: 네, <u>있어요</u>.

(2) A: [   ]?

B: 네, [   ].

(3) A: 오늘 [   ]?

B: 아니요, [   ].

(4) A: [   ]?

B: 네, [   ].

(5) A: [   ]?

B: [   ], [   ].

5 Complete the sentences with 있어요, 이에요, or 예요.

(1) 서리나는 학생 [   ].

(2) 리아는 한국 사람 [   ].

(3) 서리나, 컴퓨터가 [   ]?

(4) 오늘 서리나는 한국어 수업이 [   ].

(5) 이름이 뭐 [   ]?

(6) 저는 벤 [   ].

(7) 우체국이 학교 식당 옆에 [   ].

6 Circle the appropriate word or expression in parenthesis to complete each sentence.

(1) 줄리아는 일학년이 (이에요, 예요, 아니에요, 있어요, 없어요). 이학년이에요.

(2) 서리나: 줄리아는 한국 사람 (이에요, 예요, 아니에요, 있어요, 없어요)?
　　벤: 아니요, 줄리아는 한국 사람이 (이에요, 예요, 아니에요, 있어요, 없어요).

(3) 서리나: 오늘 벤은 수업이 (이에요, 예요, 아니에요, 있어요, 없어요)?
　　벤: 아니요, 수업이 (이에요, 예요, 아니에요, 있어요, 없어요).

(4) 서리나: 집에 고양이 (이에요, 예요, 아니에요, 있어요, 없어요)?
　　샤닐: 아니요, 저는 개가 (이에요, 예요, 아니에요, 있어요, 없어요).

7 Fill in the blanks with 그래서, 그런데, or 그리고.

(1) 저는 오늘 수업이 없어요. [＿＿＿＿＿] 집에 있어요.

(2) 저는 오늘 수업이 없어요. [＿＿＿＿＿] 내일도 수업이 없어요.

(3) 저는 오늘 수업이 없어요. [＿＿＿＿＿] 내일은 수업이 있어요.

(4) 한국은 사람이 많아요. [＿＿＿＿＿] 차도 많아요.

(5) 한국은 사람이 많아요. [＿＿＿＿＿] 캐나다는 사람이 적어요 (*적어요: to be small (in number)).

(6) 한국은 사람이 많아요. [＿＿＿＿＿] 아주 복잡해요 (*복잡해요: to be crowded).

8 Create your own sentences with 그래서, 그런데, or 그리고.

(1) 저는 대학생이에요. [＿＿＿＿＿＿＿＿＿＿].

(2) 저는 [＿＿＿＿＿] (이/가) 있어요. [＿＿＿＿＿＿＿＿＿＿].

(3) [＿＿＿＿＿] (이/가) 재미있어요. [＿＿＿＿＿＿＿＿＿＿].

(4) 저는 [＿＿＿＿＿] (이/가) 많아요. [＿＿＿＿＿＿＿＿＿＿].

(5) 저는 오늘 [＿＿＿＿＿] 에 가요. [＿＿＿＿＿＿＿＿＿＿].

9 Write the appropriate forms of the predicates in the table.

Dictionary form	−어요/아요	−(으)세요
괜찮다	괜찮아요	
넓다		
많다		
먹다		드세요
앉다		
읽다		
있다 (Possession)	있어요	
재미있다		
좋다		좋으세요
가다		
싸다		X
자다		주무세요
크다		
공부하다		
숙제하다		
이다		
아니다		

10 Complete the sentences when the subject is 선생님.

벤	선생님
(1) 벤은 미국 사람이에요.	선생님은 한국 사람 _____.
(2) 벤은 중국 사람이 아니에요.	선생님도 중국 사람이 _____.
(3) 벤은 오늘 수업이 많아요.	선생님도 오늘 수업이 _____.
(4) 벤은 바빠요.	선생님도 _____.

(5) 벤은 도서관에 가요.	선생님도 도서관에 _____.
(6) 벤은 키(height)가 커요.	선생님도 키가 _____.
(7) 벤은 책 읽어요.	선생님도 책 _____.
(8) 벤은 고양이 좋아해요.	선생님도 고양이 _____.
(9) 벤은 커피를 마셔요.	선생님도 커피를 _____.
(10) 벤은 재미있어요.	선생님도 _____.
(11) 벤은 친구가 많아요.	선생님도 친구가 _____.
(12) 벤은 지금 자요.	선생님도 지금 <u>주무세요</u>.
(13) 벤은 아침에 빵을 먹어요.	선생님도 아침에 빵을 <u>드세요</u>.

11 **Complete the dialogue, using either the polite form or honorific form of the given predicates.**

(1) 서리나: 선생님, 우산 [ ]? (있다)

　　선생님: 아니요, [ ]. (없다)

(2) 서리나: 벤, 오늘 수업 [ ]? (있다)

　　벤: 아니요, 오늘은 수업이 [ ]. (없다)

(3) 제니: 한국어 선생님이 어때요?

　　서리나: 한국어 선생님이 [ ]. (좋다)

(4) 제니: 한국어 반에 학생이 [ ]? (많다)

　　서리나: 네, 학생이 [ ]. (많다)

(5) 서리나: 선생님, 컴퓨터가 [ ]? (있다)

　　선생님: 아니요, 저는 컴퓨터가 [ ]. (없다)

12 Change the sentences using –지 마세요.

(1) 열심히 공부해요 → [   ]

(2) 그 사람을 만나요 → [   ]

(3) 집에 가요 → [   ]

(4) 그 책을 읽어요 → [   ]

(5) 음식을 먹어요 → [   ]

(6) 수업 시간에 이야기해요 → [   ]

(7) 수업 시간에 숙제해요 → [   ]

(8) 책상에 앉아요 → [   ]

(9) 수업 시간에 자요 → [   ]

(10) 도서관에 전화해요 → [   ]

13 The teacher is asking Ben not to do the following actions in the classroom. Write what the teacher would say, using –지 마세요.

(1) 벤, 책상에 [   ].

(2) 벤, 수업 시간에 친구하고 [   ].

(3) 벤, 교실에 [   ].

(4)  벤, 수업 시간에 음식을 [   ].

(5)  벤, 수업 시간에 [   ].

(6) 벤, 수업 시간에 [   ].

14 **Fill in the blanks with 을 or 를.**

밥_____	영화_____	물_____	볼펜_____
옷_____	사과_____	사전_____	시험_____

15 **Complete the sentences, using the object particle 을 or 를 and the suggested words.**

공부해요	마셔요	만나요	먹어요	좋아해요	읽어요	해요

(1)  벤은 밥을 <u>먹어요</u>.

(2)  벤은 숙제 [ ] [   ].

(3) 벤은 텔레비전 [ ] [   ].

(4) 벤은 물 [　] [　　　　　　].

(5) 벤은 책 [　] [　　　　　　].

(6) 벤은 친구 [　] [　　　　　　].

(7) 벤은 한국어 [　] [　　　　　　].

16 Write the appropriate predicate to complete each sentence. Some predicates may be used more than once.

공부해요	마셔요	좋아해요	만나요	읽어요
교실에 있어요	있어요	재미없어요		

(1) 저는 시험이 [　　　　].

(2) 저는 교과서를 [　　　　].

(3) 저는 친구를 [　　　　].

(4) 저는 커피를 [　　　　].

(5) 저는 서리나를 [　　　　].

(6) 서리나가 [　　　　].

(7) 저는 경제학이 [　　　　].

(8) 저는 질문이 [　　　　].

(9) 저는 음악을 [　　　　].

17 Fill in the blanks with the appropriate particles from the box. Some particles may be used more than once.

가	도	에	이	를	을

1. 벤은 캐나다 사람 ☐ 아니에요.

2. 벤은 책 ☐ 읽어요.

3. 벤은 식당 ☐ 가요.

4. 벤은 서리나 ☐ 좋아요.

5. 벤은 오늘 수업 ☐ 있어요. 선생님 ☐ 수업 ☐ 있으세요.

6. 벤은 도서관 ☐ 있어요.

7. 벤은 오늘 숙제 ☐ 많아요.

8. 벤은 수영 ☐ 해요.

9. 벤은 사과 ☐ 좋아해요.

10. 벤은 한국어 ☐ 공부해요.

1 **Choose the appropriate response to the first sentence.**

(1) A: 요즘 어떻게 지내세요?

　　B: _____.

① 반가워요.　　　　② 미안해요　　　　③ 잘 지내요.　　　　④ 괜찮아요

(2) A: 안녕히 가세요.

　　B: _____.

① 안녕하세요.　　　② 안녕히 계세요.　　③ 잘 지내요.　　　④ 누구세요?

2 **Choose the appropriate word or response.**

(1) A: 준, 오늘 시간 있어요?

　　B: _____.

① 네, 저는 시간이에요.　　　　　　② 네, 저는 시간에 있어요.

③ 아니요, 시간이 있어요.　　　　　④ 아니요, 시간이 없어요.

(2) A: 서리나, 오늘 수업이 있어요?

　　B: 아니요, 오늘 수업이 없어요. _____.

① 그래서 친구를 만나요.　　　　　② 그런데 친구를 만나요.

③ 그리고 친구를 만나요.　　　　　④ 그래서 친구가 만나요.

(3) A: 선생님, 시간 있으세요?

　　B: _____.

① 네, 시간 있어요.　　　　　　　　② 네, 시간 있으세요.

③ 네, 시간이에요.　　　　　　　　④ 아니요, 시간이 아니에요.

(4) A: 똑똑!

　　B: _____ 세요?

① 뭐　　　　　　　② 누구　　　　　③ 안녕하　　　　④ 누가

(5) A: 학교 식당 음식이 맛있어요?

　　B: 아니요, 학교 식당 음식은 맛없어요. 학교 식당에_____.

① 가세요　　　　　② 가요　　　　　③ 가지 마세요　　　④ 가다

(6) A: 누가 일학년이에요?

    B: _____.

① 나는 일학년이에요.　　　　　　② 제가 일학년이에요.

③ 저가 일학년이에요.　　　　　　④ 저는 일학년이에요.

(7) A: 아침에 뭐 먹어요?

    B: _____.

① 저는 빵을 먹어요.　　　　　　② 저는 TV를 봐요.

③ 저는 의자에 앉아요.　　　　　　④ 저는 자요.

(8) A: 누구를 좋아해요?

    B: _____.

① 서리나를 좋아해요.　　　　　　② 컴퓨터를 좋아해요.

③ 사과를 좋아해요.　　　　　　④ 바나나를 좋아해요.

3 **Read the narration below and decide if the statements which follow are T(rue) or F(alse).**

> 준은 한국어 수업 조교*예요. 김유나 선생님이 한국어 수업을 가르치세요. 한국어 교실에는
> 학생들이 많아요. 준은 한국 영화를 아주 좋아해요. 벤도 한국 영화를 좋아해요. 그래서 벤하고
> 준은 한국 영화 이야기를 많이 해요. 벤은 한국어 수업 시간에 열심히 공부해요. 준은 오늘 경제학
> 수업도 있어요. 경제학은 아주 재미있어요. 그리고 선생님도 좋으세요. 준은 요즘 시험이 많아요.
> 오늘도 시험이 있어요. 그래서 지금 준은 도서관에 가요. 벤하고 준은 내일 만나요.
>
> *조교: teaching assistant

(1) [　　] 준은 오늘 경제학 수업이 있어요.

(2) [　　] 준은 한국어 수업 학생이에요.

(3) [　　] 벤하고 준은 한국 영화를 좋아해요.

(4) [　　] 준은 지금 집에 가요.

(5) [　　] 준은 오늘 시험이 있어요.

(6) [　　] 벤하고 준은 오늘 만나요.

1 Listen and write the sentences you hear in the blanks provided.

(1) A: 요즘 어떻게 지내세요?　　　　B: [　　　　　　　　　　　　] .

(2) A: 안녕히 가세요.　　　　　　　B: [　　　　　　　　　　　　] .

(3) A: 서리나, 오늘 수업이 있어요?　B: [　　　　　　　　　　　　] .

(4) A: 준, 오늘 수업이 없어요?　　　B: [　　　　　　　　　　　　] .

(5) A: 선생님, 우산 있으세요?　　　B: [　　　　　　　　　　　　] .

(6) A: 저는 오늘 리아를 만나요.　　B: 리아가 [　　　　　　　　　　] ?

(7) A: 학교 식당에 학생들이 많아요?　B: 네, 아주 많아요. 학교 식당에 지금 [　　　　] .

(8) A: 누가 오늘 시험 봐요?　　　　B: [　　　　　　　　　　　　] .

(9) A: 오늘 뭐 하세요?　　　　　　B: [　　　　　　　　　　　　] .

(10) A: 뭐 좋아해요?　　　　　　　B: [　　　　　　　　　　　　] .

2 Listen to the dialogue and decide if the following sentences are T(rue) or F(alse).

(1) [　　] 샤닐은 지금 도서관에 있어요.

(2) [　　] 경제학 수업은 숙제가 많아요.

(3) [　　] 샤닐은 오늘 수업이 있어요.

(4) [　　] 샤닐은 경제학 수업을 좋아해요.

(5) [　　] 한국어 선생님은 수업 시간에 한국 문화 이야기를 해요.

(6) [　　] 선생님은 오늘 수업이 없으세요.

3 Listen to the above dialogue one more time, and write the answers to the questions.

(1) [_____].

(2) [_____].

(3) [_____].

(4) [_____].

4 Listen to the narration and fill in the blanks.

샤닐은 오늘 경제학 수업이 있어요. 마이클 선생님이 경제학 수업을 _____.
선생님이 아주 _____. 경제학은 아주 재미있어요.
그래서 샤닐은 _____ _____. _____샤닐은 한국어 수업도 있어요.
한국어 선생님은 김유나 선생님이세요. 한국어 교실에 학생이 많아요.
샤닐은 한국어 수업을 아주 좋아해요. 그런데 한국어 수업은 숙제가 조금 많아요.
오늘 샤닐은 _____ 있어요. 그래서 지금 한국어 선생님 연구실에 가요.
그리고 선생님을 _____.

5 Listen to the above narration one more time, and answer the following questions in Korean.

(1) What course does Michael teach?

[_____].

(2) When does Shanil go to the Korean class?

[_____].

(3) How is Korean class?

[_____].

(4) Where is Shanil going now?

[_____].

(5) Why is Shanil trying to meet the teacher?

[   ].

6 **Listen to the questions and respond in Korean.**

(1) [   ].

(2) [   ].

(3) [   ].

(4) [   ].

(5) [   ].

Workbook

5과

가족이 어떻게 돼요?

🎧 단어 (Vocabulary)

1 Listen and find the picture that corresponds to each word. Write the word below the picture.

나 어머니 언니 아버지 여동생 오빠					
나					

2 Listen and find the picture that corresponds to each word. Write the word below the picture.

나 부모님 누나 가족 형 남동생					
나					

3 Listen and find the picture that corresponds to each word. Write the word below the picture.

대학원생 할머니 형제 고등학생 할아버지 친척					

4 Listen and find the picture that corresponds to each word. Write the word below the picture.

커피숍 건물 백화점 가게 선물 체육관 테니스 생일 영화관 공원 점심 주말

5 Listen and find the picture that corresponds to each word. Write the word below the picture.

비싸다 주다 배우다 보다 계시다 연습하다 오다 요리하다 사다 운동하다 기다리다 일하다 치다 쇼핑하다

할아버지가 집에
_____

Lesson 1 Lesson 2 Lesson 3 Lesson 4 **Lesson 5** Lesson 6

1 The following pictures show the members of a family. Use the pictures to complete the dialogue.

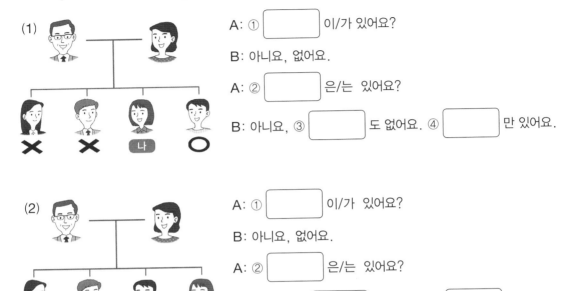

(1)

A: ① [ ] 이/가 있어요?

B: 아니요, 없어요.

A: ② [ ] 은/는 있어요?

B: 아니요, ③ [ ] 도 없어요. ④ [ ] 만 있어요.

(2)

A: ① [ ] 이/가 있어요?

B: 아니요, 없어요.

A: ② [ ] 은/는 있어요?

B: 아니요, ③ [ ] 도 없어요. ④ [ ] 만 있어요.

2 Fill in the blanks with appropriate forms of 이다, 있다, and 없다 according to the situations.

(1) 서리나: 벤, 한국어 책 [ ]?

벤: 네, [ ].

(2) 서리나: 부모님은 한국에 [ ]?

준: 아니요, 지금 캐나다에 [ ].

(3) 벤: 서리나, 여동생 [ ]?

서리나: 아니요, 여동생 [ ].

(4) 벤: 선생님, 시간 [ ]? (Do you have time?)

선생님: 미안해요. 오늘은 시간이 [ ].

(5) 벤: 선생님, 질문 [_____]. (I have a question.)

선생님: 질문이 뭐 [_____]?

(6) 벤: 선생님, 오늘 숙제가 [_____]? (Do I have a homework?)

선생님: 오늘은 숙제가 [_____]. (You don't have a homework today.)

3 Circle the most appropriate predicate for each sentence.

안녕하세요? 저는 리아 (1) (이에요, 예요, 이세요, 있어요, 계세요). 우리 집은 캘거리에 (2) (이에요, 예요, 이세요, 있어요, 계세요). 우리 가족은 아버지하고 어머니하고 남동생이 (3) (이에요, 예요, 이세요, 있어요, 계세요). 아버지하고 어머니는 캘거리에 (4) (이에요, 예요, 이세요, 있어요, 계세요). 그런데 저는 에드먼턴에 (5) (이에요, 예요, 이세요, 있어요, 계세요). 제 부모님은 한국 사람 (6) (이에요, 예요, 이세요, 있어요, 계세요). 저는 대학생 (7) (이에요, 예요, 이세요, 있어요, 계세요). 대학교 안에 기숙사가 (8) (이에요, 예요, 이세요, 있어요, 계세요). 제 친구 서리나는 캐나다 사람 (9) (이에요, 예요, 이세요, 있어요, 계세요). 서리나는 일학년 (10) (이에요, 예요, 이세요, 있어요, 계세요). 서리나 아버지는 선생님 (11) (이에요, 예요, 이세요, 있어요, 계세요). 서리나는 언니가 (12) (이에요, 예요, 이세요, 있어요, 계세요). 서리나는 좋은 친구 (13) (이에요, 예요, 이세요, 있어요, 계세요). 서리나는 오늘 한국어 숙제가 (14) (이에요, 예요, 이세요, 있어요, 계세요).

4 Write the polite and honorific forms using 어요/아요 and (으)세요.

Dictionary form	Polite form	Honorific form
마시다		마시세요
보다		
있다 (Possession)		
있다 (Existence)		
만나다		
오다		
치다		
주다		

일어나다		
비싸다		X
예쁘다		
바쁘다		
나쁘다		
가다	가요	
자다		주무세요
사다		
싸다		X
지내다		
기다리다		
크다		
배우다		
들어오다		

5 **Complete the sentences with an appropriate ending, using the words in the table above.**

(1) 어머니는 점심에 보통 차를 <u>마시세요</u>. 그런데 저는 커피를 [　　　].

(2) 우리 어머니는 텔레비전을 <u>보세요</u>. 그런데 저는 영화관에서 영화를 [　　　].

(3) 우리 어머니는 테니스를 <u>치세요</u>. 그리고 우리 형도 테니스를 [　　　].

(4) 아버지는 커피숍에서 친구를 <u>기다리세요</u>. 그런데 저는 백화점 앞에서 친구를 [　　　].

(5) 벤의 아버지는 중국어를 <u>배우세요</u>. 그런데 벤은 한국어를 [　　　].

(6) 준의 할머니는 한국에 [　　　]. 그런데 준의 형은 캐나다에 <u>있어요</u>.

(7) 우리 할머니는 오늘 저녁에 캐나다에 [　　　]. 그리고 우리 언니도 오늘 할머니하고 같이 캐나다에 <u>와요</u>.

(8) 우리 할머니는 [　　　]. 그리고 저도 <u>바빠요</u>.

(9) 우리 할아버지는 눈이 [   ]. 그리고 제 동생도 눈이 <u>나빠요</u>. (*눈이 나쁘다: to have bad eyesight)

(10) 줄리아의 할아버지는 공원에서 친구를 [   ]. 그런데 줄리아는 체육관에서 친구를 <u>만나요</u>.

(11) 언니 생일에 우리 할아버지는 돈을 <u>주세요</u>. 그런데 저는 선물을 [   ].

(12) 우리 할머니는 아침에 공원에 <u>가세요</u>. 그리고 제 형도 아침에 공원에 [   ].

6 **Complete the dialogue based on the given information using 에 or 에서.**

(1)

A: 서리나가 어디 있어요?

B: 서리나는 [   ] 있어요.

(2)

A: 서리나가 어디 가요?

B: 서리나는 [   ] 가요.

(3)

A: 서리나가 어디서 공부해요?

B: 서리나는 [   ] 공부해요.

(4)

A: 서리나는 어디서 운동해요?

B: 서리나는 [   ] 운동해요.

(5)

A: 한국어 책이 어디 있어요?

B: 한국어 책은 [   ] 있어요.

Lesson 1　Lesson 2　Lesson 3　Lesson 4　Lesson 5　Lesson 6

7 Circle the correct particle in each of the sentences below.

(1) 준이 커피숍 (에, 에서) 일해요.

(2) 서리나 가방이 한국어 교실 (에, 에서) 있어요.

(3) 준 부모님이 한국 (에, 에서) 계세요.

(4) 고양이가 텔레비전 위 (에, 에서) 있어요.

(5) 줄리아가 도서관 앞 (에, 에서) 기다려요.

(6) 케빈이 내일 부모님 집 (에, 에서) 가요.

(7) 제 방 (에, 에서) 들어오지 마세요.

(8) 미쉘이 공원 (에, 에서) 운동해요.

8 Choose the location and complete the conversations accordingly.

(1) A: 내일 어디 가세요?

　　B: (① 도서관 ② 영화관 ③ 백화점 ④ 체육관)에 가요.

　　A: ⬚⬚⬚⬚ 에서 뭐 하세요?

　　B: ⬚⬚⬚⬚ .

(2) A: 지금 어디 있어요?

　　B: (① 학교 식당 ② 교실 ③ 집 ④ 서점)에 있어요.

　　A: ⬚⬚⬚⬚ 에서 뭐 하세요?

　　B: ⬚⬚⬚⬚ .

(3) A: 보통 어디서 친구를 만나요?

　　B: (① 기숙사 ② 도서관 ③ 공원 ④ 체육관)에서 친구를 만나요.

　　A: 친구하고 ⬚⬚⬚⬚ 에서 뭐 하세요?

　　B: ⬚⬚⬚⬚ .

(4) A: 주말에 보통 어디 가세요?

　　B: (① 영화관 ② 백화점 ③ 도서관 ④ 옷 가게)에 가요.

　　A: ⬚⬚⬚⬚ 에서 뭐 하세요?

　　B: ⬚⬚⬚⬚ .

9 Fill in the blanks with the appropriate locative particles 에 or 에서.

(1) 저는 집 ⬚ 점심을 먹어요.

(2) 저는 오늘 오후에 백화점 ⬚ 가요.

(3) 한국어 교실은 토리 빌딩 ⬚ 있어요.

(4) 경제학 수업은 섭 빌딩 ⬚ 해요.

(5) 저는 오늘 영화관 ⬚ 친구를 만나요.

(6) 어디 ⬚ 가세요?

(7) 어디 ⬚ 운동해요?

(8) 어디 ⬚ 한국어 교실이 있어요?

10 Make sentences by matching the related words, according to the sentential structure of '<u>N</u>은/는 <u>N</u>에서 <u>N</u>을/를 ~어요/아요'.

선생님	교실	밥	치다
서리나	백화점	옷	먹다
어머니	집	한국 음식	사다
아버지	도서관	한국어	요리하다
누나	식당	영화	듣다
오빠	커피숍	한국 음악	만나다
남동생	체육관	친구	보다
벤	영화관	테니스	가르치다

(1) ⬚ .

(2) ⬚ .

(3) ⬚ .

(4) ⬚ .

(5) ⬚ .

11 Look at the pictures and explain the possessions.

(1)

<u>서리나의 우산</u>

(2) parents house

(3) my older sister (of a female) bag

(4) I thing or stuff

(5) we teacher

(6) father birthday

(7) Who thing or stuff

12 Based on the illustration provided, answer the questions as shown in the example.

서리나	벤	샤닐	리아	케빈	준

(1) A: 이거 누구 책이에요?　　　　　　　B: <u>서리나 거예요</u>.

(2) A: 이거 누구 가방이에요?　　　　B: [ ]

(3) A: 이거 누구 지갑이에요?　　　　B: [ ]

(4) A: 이거 누구 옷이에요?　　　　B: [ ]

(5) A: 이거 누구 고양이예요?　　　　B: [ ]

(6) A: 이거 누구 모자예요?　　　　B: [ ]

1 **Choose the appropriate response to the question.**

(1) A: 집이 어디예요?

  B: _____.

① 저는 집에 가요.

③ 저는 집에 있어요.

② 제 집이 커요.

④ 제 집은 기숙사예요.

(2) A: 전공이 뭐예요?

  B: 다시 한번 말해 주세요.

  A: _____.

① 동아시아학이에요.

③ 전공이 뭐예요?

② 집이 기숙사예요.

④ 집이 한국에 있어요?

2 **Choose the appropriate response or word for each blank below.**

(1) A: 서리나는 가족이 어떻게 돼요?

  B: _____.

① 부모님은 토론토에 계세요.

③ 저는 부모님하고 동생이 있어요.

② 제 가족은 에드먼턴에 있어요.

④ 저는 언니가 있어요.

(2) A: 부모님은 어디 계세요?

  B: _____.

① 동생은 토론토에 있어요.

③ 저만 토론토에 있어요.

② 토론토에 계세요.

④ 언니도 토론토에 있어요.

(3) A: 선생님, 여동생 있으세요?

  B: _____.

① 네, 여동생 있어요.

③ 네, 여동생이에요.

② 네, 여동생 있으세요.

④ 아니요, 여동생이 아니에요.

(4) A: 이번 주말에 뭐 해요?

  B: 아침에 형하고 같이 테니스 _____.

① 만나요

③ 좋아해요

② 쳐요

④ 봐요

(5) A: 누구하고 같이 운동해요?

　　B: _____.

① 친구가 운동해요.　　　　　　　② 체육관에서 운동해요.

③ 저하고 같이 운동해요.　　　　　④ 남동생하고 같이 운동해요.

(6) A: 우리 언제 만나요?

　　B: _____.

① 저는 내일 만나요.　　　　　　　② 제가 내일 만나요.

③ 우리 내일 만나요.　　　　　　　④ 내일 학교에 가요.

(7) 가: 한국어 책이 어디 있어요?

　　B: _____.

① 제 가방 안에 있어요.　　　　　　② 제 가방이 있어요.

③ 제 가방이 아니에요.　　　　　　④ 제 가방이에요.

(8) A: 벤, 어디 가요?

　　B: _____.

① 우체국에 가요.　　　　　　　　② 우체국에서 만나요.

③ 우체국이에요.　　　　　　　　④ 우체국이 있어요.

(9) A: 보통 어디에서 운동해요?

　　B: _____.

① 아침에 운동해요.　　　　　　　② 친구하고 운동해요.

③ 오늘 운동해요.　　　　　　　　④ 체육관에서 운동해요.

(10) A: 이거 누구 책이에요?

　　B: _____.

① 제 책에 있어요.　　　　　　　　② 제 가방이에요.

③ 우리 오빠 거 책이에요.　　　　④ 우리 언니 거예요.

3 **Read the following narration and decide if the statements which follow are T(rue) or F(alse).**

준의 가족은 아버지하고 어머니하고 형하고 누나가 있어요. 준의 형하고 누나는 캐나다에 있어요. 준의 부모님만 한국에 계세요. 준 아버지는 공무원*이세요. 아버지는 서울에서 일하세요. 준 어머니는 백화점에서 일하세요. 형은 대학원생이에요. 캐나다에서 경제학을 공부해요. 준의 누나는 대학교에서 수학을 가르쳐요. 그런데 요즘 누나는 아주 바빠요. 그래서 준은 이번 주말에 형만 만나요. 형하고 같이 한국 식당에 가요. 준하고 형은 사이가 아주 좋아요.

*공무원: government worker

(1) ⬜ 준 가족은 부모님하고 언니하고 남동생이 있어요.

(2) ⬜ 준만 캐나다에 있어요.

(3) ⬜ 준 어머니는 학교에서 가르치세요.

(4) ⬜ 준은 주말에 형을 만나요.

(5) ⬜ 준의 누나는 수학을 가르쳐요.

(6) ⬜ 준하고 형은 한국 식당에 가요.

1 Listen and write the sentences you hear in the blanks.

(1) A: 집이 어디예요?　　　　　　　B: [＿＿＿＿＿＿＿＿＿＿＿] .

(2) A: 가족이 어떻게 돼요?　　　　　B: [＿＿＿＿＿＿＿＿＿＿＿] .

(3) A: 사과하고 빵 있어요?　　　　　B: [＿＿＿＿＿＿＿＿＿＿＿] .

(4) A: 할아버지는 어디 계세요?　　　B: [＿＿＿＿＿＿＿＿＿＿＿] .

(5) A: 친구 생일에 보통 뭘 해요?　　B: [＿＿＿＿＿＿＿＿＿＿＿] .

(6) A: 이번 주말에 뭐 해요?　　　　B: [＿＿＿＿＿＿＿＿＿＿＿] .

(7) A: 우리 뭐 먹어요?　　　　　　B: [＿＿＿＿＿＿＿＿＿＿＿] .

(8) A: 학교 식당이 어디 있어요?　　B: [＿＿＿＿＿＿＿＿＿＿＿] .

(9) A: 지금 어디 가요?　　　　　　B: [＿＿＿＿＿＿＿＿＿＿＿] .

(10) A: 보통 어디에서 점심 먹어요?　B: [＿＿＿＿＿＿＿＿＿＿＿] .

(11) A: 이거 누구 거예요?　　　　　B: [＿＿＿＿＿＿＿＿＿＿＿] .

2 Listen to the narration and fill in the blanks.

리아의 ＿＿＿＿＿＿＿＿＿ 아버지하고 어머니하고 ＿＿＿＿＿＿＿＿＿ 있어요.
리아의 부모님은 한국 사람이세요. 리아의 부모님은 캘거리에 ＿＿＿＿＿＿＿＿＿.
리아의 여동생도 캘거리에 있어요. 리아만 에드먼턴에 있어요.
리아의 아버지는 은행에서 ＿＿＿＿＿＿＿＿＿. 그리고 리아의 어머니는 서점에서 일하세요.
리아의 여동생은 ＿＿＿＿＿＿＿＿＿. 리아의 여동생은 운동을 좋아해요.
요즘 동생은 테니스를 ＿＿＿＿＿＿＿＿＿. 내일은 리아의 여동생 ＿＿＿＿＿＿＿＿ 이에요.
그래서 오늘 리아는 백화점에 가요. 그리고 동생 선물을 ＿＿＿＿＿＿＿＿＿ .

3 Listen to the above narration one more time, and answer the following questions in Korean.

(1) What's the nationality of Leah's parents?

.

(2) Where are Leah's parents?

.

(3) Where does Leah's father work?

.

(4) Where is Leah going today?

.

(5) Why is Leah buying a present?

.

4 Listen to the dialogue and decide if the following statements are T(rue) or F(alse).

(1) [   ] 리아는 지금 도서관에 가요.

(2) [   ] 리아 부모님은 토론토에 계세요.

(3) [   ] 리아는 여동생이 없어요.

(4) [   ] 리아는 언니가 없어요.

(5) [   ] 리아는 모자를 사요.

(6) [   ] 선물은 리아 부모님 거예요.

5 Listen to the above dialogue one more time, and write the answers to the questions.

(1) _____ .

(2) _____ .

(3) _____ .

(4) _____ .

(5) _____ .

6 Listen to the questions and write your own answers in Korean.

(1) _____ .

(2) _____ .

(3) _____ .

(4) _____ .

(5) _____ .

Workbook

6과

지금 몇 시예요?

단어 (Vocabulary)

1 Listen and find the picture that corresponds to each word. Write the word below the picture.

오후 라디오 핸드폰 필통 오전 문 강아지 학기 신발 낮 전화번호 밤

	오후				

2 Listen and find the picture that corresponds to the words you hear. Write the word below the corresponding picture.

마리 과목 월 시간 층 살 과 명 권 개 년 번 원 일 시 학년 분

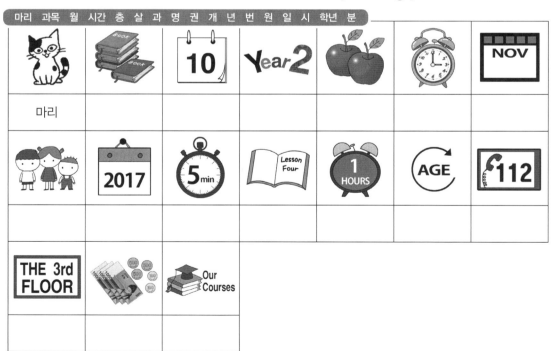

마리						

3 **Listen and find the picture that corresponds to each word you hear. Write the word below the picture.**

노래하다　일어나다　멋있다　듣다　부지런하다　걷다

4 **Write the days of the week in the blanks.**

월요일　금요일　화요일　일요일　수요일　목요일　토요일

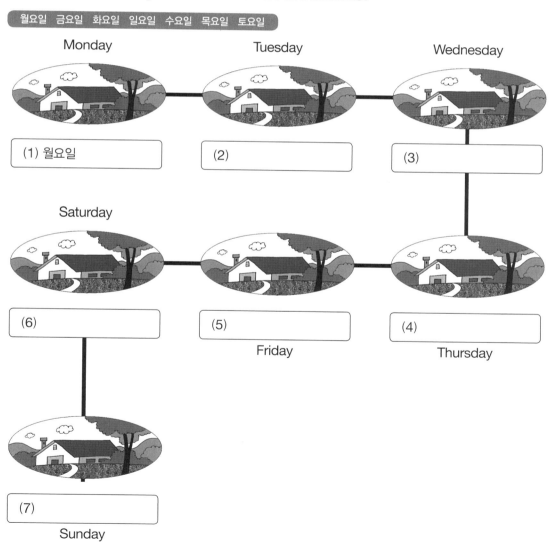

Monday

(1) 월요일

Tuesday

(2)

Wednesday

(3)

Saturday

(6)

(5)

Friday

(4)

Thursday

(7)

Sunday

1 Write the following numbers using Sino- Korean numbers.

(1) 3 | 삼

(2) 5 |

(3) 9 |

(4) 2 |

(5) 4 |

(6) 6 |

(7) 10 |

(8) 7 |

(9) 8 |

2 Write the following numbers using Sino- Korean numbers.

(1) 37 | 삼십 칠

(2) 59 |

(3) 98 |

(4) 22 |

(5) 43 |

(6) 61 |

(7) 100 |

(8) 75 |

(9) 88 |

3 Write the following numbers using Sino- Korean numbers.

(1) 347 | 삼백 사십 칠

(2) 538 |

(3) 907 |

(4) 2370 |

(5) 4902 |

(6) 6099 |

(7) 10889 |

(8) 79023 |

(9) 80943 |

4 Write the following numbers using native Korean numbers.

(1) 3 | 셋

(2) 5 |

(3) 9 |

(4) 2 |

(5) 4 |

(6) 6 |

(7) 10 |

(8) 7 |

(9) 8 |

5 Write the following numbers using native Korean numbers.

(1) 37 [서른 일곱]

(2) 59 [ ]

(3) 98 [ ]

(4) 22 [ ]

(5) 43 [ ]

(6) 61 [ ]

(7) 14 [ ]

(8) 75 [ ]

(9) 88 [ ]

6 Choose the appropriate words from the box and fill in the blanks as in the example.

| 개 | 명 | 월 | 과 | 시간 | 학년 | 일 | 마리 | 층 | 살 | 권 | 년 |

(1) 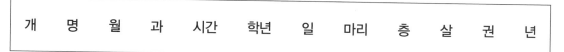 2권

(2) 11 [ ]

(3) CHAPTER FOUR 4 [ ]

(4) 1 [ ]

(5) 2021 2021 [ ]

(6)  2 [ ]

(7) Year2 2 [ ]

(8) 26TH 26 [ ]

(9)  4 [ ]

(10) THE 3rd FLOOR 3 [ ]

(11) 5 [ ]

(12) 15 [ ]

7 Fill in the blanks with the appropriate Sino-Korean numbers and words.

(1) Year2 이학년

(2) June 14 ____

(3) CHAPTER 6 ____

(4) 10 FLOOR ____

(5) 2023 HAPPY NEW YEAR ____

(6) ____

8 Fill in the blanks with the appropriate native Korean numbers and words.

(1) 동생 두 명

(2) 책 ____

(3) 언니 ____

(4) 필통 ____

(5) 연필 ____

(6) 강아지 ____

9 Fill in the blanks with the appropriate Korean numbers and words.

Example	Korean
3 students	(1) 학생 세 명
439-6729	(2) _____
2 apples	(3) _____

43 books	(4) _____
11 cats	(5) _____
4 hours	(6) _____
2400 dollars	(7) _____
3850 won	(8) _____
2028/5/26	(9) _____
February	(10) _____
2 months	(11) _____
The 7th lesson	(12) _____
8th floor	(13) _____
9 teachers	(14) _____
20 people	(15) _____
436 people	(16) _____

10 Complete the sentences with the appropriate Korean words.

(1) 서리나는 [＿＿＿＿＿＿＿＿＿] (20 years old) 이에요.

(2) 한국어 교실은 [＿＿＿＿＿＿＿＿＿] (5th floor)에 있어요.

(3) 한국어 수업에 [＿＿＿＿＿＿＿＿＿] (15 students) 있어요.

(4) 줄리아는 [＿＿＿＿＿＿＿＿＿] (three cats) 있어요.

(5) 줄리아의 생일은 [＿＿＿＿＿＿＿＿＿] (December 8th)이에요.

(6) 이 가방은 [＿＿＿＿＿＿＿＿＿] (25,000 won) 이에요.

(7) 저는 매일 [＿＿＿＿＿＿＿＿＿] (7 hours) 자요.

11 **Write the hours in the blanks.**

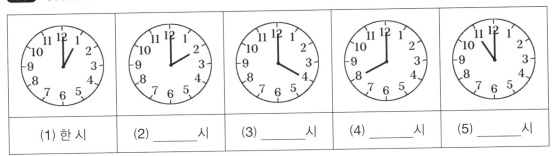

(1) 한 시	(2) ＿＿＿시	(3) ＿＿＿시	(4) ＿＿＿시	(5) ＿＿＿시

12 **Write the time in the blanks in Korean.**

1:30	12:08	3:20	8:50	11:45
(1) ＿＿＿＿＿	(2) ＿＿＿＿＿	(3) ＿＿＿＿＿	(4) ＿＿＿＿＿	(5) ＿＿＿＿＿

13 **Complete the following table.**

Dictionary form	–어/아요	–(으)러
보다	봐요	
사다		
쇼핑하다		쇼핑하러
주다		
치다		
배우다		
읽다		
일하다		
걷다		
듣다		

14 Choose a verb from the box below and complete the conversation using – (으)러.

만나다	사다	치다	마시다	듣다	운동하다	보다

(1)

A: 어디 가요?

B: 커피 <u>마시러 커피숍에 가요</u>.

(2)

A: 어디 가요?

B: 수업 _____.

(3)

A: 어디 가요?

B: 네, 한국어 책 _____.

(4)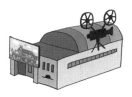

A: 어디 가요?

B: 영화를 _____.

(5)

A: 어디 가요?

B: 선생님 _____.

(6)

A: 어디 가요?

B: _____.

(7)

A: 어디 가요?

B: _____.

1 **Choose the appropriate response to the first sentence.**

(1) A: 오래간만이에요.

　　B: _____.

① 네, 오래간만이에요.　　　　　　　② 어디 가세요?

③ 나중에 봐요.　　　　　　　　　　　④ 그래요?

(2) A: 안녕히 가세요.

　　B: _____.

① 안녕하세요.　　　　　　　　　　　② 그럼, 나중에 봐요.

③ 오래간만이에요.　　　　　　　　　④ 반가워요.

2 **Choose the appropriate word or response for each blank below.**

(1) A: 집 전화번호가 뭐예요?

　　B: _____ 이에요.

① 1 학년　　　　　　② 20 살　　　　③ 5800 원　　　　④ 780-432-5678

(2) A: 얼마예요? (How much is it?)

　　B: _____ 예요.

① 사과　　　　　　　② 6700 달러　　③ 6 마리　　　　④ 오후 5 시

(3) A: 형이 몇 살이에요?

　　B: _____ 이에요.

① 스무 살　　　　　② 스물 살　　　③ 스무 명　　　　④ 스물 사람

(4) A: 한국어 수업이 몇 시간이에요?

　　B: _____ 이에요.

① 한국어 수업은 삼 시간　　　　　　② 한국어 수업은 둘 시간

③ 한국어 수업은 두 시간　　　　　　④ 한국어 수업은 둘 시

(5) A: 지금 몇 시예요?

　　B: _____ 이에요.

① 오후 세 시 반　　　　　　　　　　② 오후 세 시 반 분

③ 오후 세 시 삼십　　　　　　　　　④ 세 시 오후 반

(6) A: 몇 시에 점심을 먹어요?

   B: _____ 에 먹어요.

   ① 오후 반 열두 시   ② 오후 열두 시 서른 분
   ③ 오후 열두 시 반   ④ 오후 십이 시 삼십 분

(7) A: 토요일에 어디 가세요?

   B: _____.

   ① 친구 집에서 만나요.   ② 친구 집에서 자요.
   ③ 친구 집에 가요.   ④ 친구가 집에 가요.

(8) A: 어디 가세요?

   B: _____ 식당에 가요.

   ① 테니스 치러   ② 옷 사러   ③ 운동하러   ④ 점심 먹으러

3 **Read the narration below and decide if the statements which follow are T(rue) or F(alse).**

제니의 가족은 여섯 명이에요. 부모님하고 동생이 세 명 있어요.
제니는 오전 7 시 30 분에 일어나요. 그리고 8 시에 아침을 먹어요. 제니는 월요일하고 수요일하고 금요일에만 수업을 들으러 학교에 가요. 오늘 제니 가방에는 한국어 책 한 권하고 필통이 있어요. 필통에는 연필 4 개하고 볼펜 2 개가 있어요. 오늘은 금요일이에요. 오늘 제니는 아주 바빠요. 오후에 제니는 일하러 서점에 가요. 제니는 서점에서 4 시간 일해요. 그리고 저녁에는 친구 3 명하고 영화를 보러 가요. 제니는 7 시에 영화관 앞에서 친구들을 만나요.

---

(1) ☐ 제니는 일곱 시에 아침을 먹어요.

(2) ☐ 제니는 수업을 들으러 매일 학교에 가요.

(3) ☐ 제니는 오늘 친구하고 같이 저녁을 먹어요.

(4) ☐ 내일은 토요일이에요.

(5) ☐ 제니는 오늘 일곱 시에 친구를 만나요.

(6) ☐ 제니는 커피숍에서 네 시간 일해요.

1 Listen and write the sentences you hear in the blanks.

(1) A: 오래간만이에요. B: [   ] .

(2) A: 핸드폰 번호가 뭐예요? B: [   ] .

(3) A: 커피가 얼마예요?
 (How much is the coffee?) B: [   ] .

(4) A: 동생이 몇 살이에요? B: [   ] .

(5) A: 한국어를 몇 시간 공부해요? B: [   ] .

(6) A: 지금 몇 시예요? B: [   ] .

(7) A: 몇 시에 학교에 가요? B: [   ] .

(8) A: 일요일에 보통 뭐 해요? B: [   ] .

(9) A: 벤, 아침에 보통 뭐 해요? B: [   ] .

(10) A: 어디 가세요? B: [   ] .

2 Listen to the dialogue and decide if the statements below are T(rue) or F(alse).

(1) [   ] 리아는 토요일에 커피숍에 가요.

(2) [   ] 준은 요즘 커피숍에서 일해요.

(3) [   ] 공원은 대학교 옆에 있어요.

(4) [   ] 리아는 공원에서 친구들하고 같이 걸어요.

(5) [   ] 리아는 토요일 오전 11 시에 친구들을 만나요.

(6) [   ] 준은 리아하고 내일 노래방에 가요.

3 Listen to the above dialogue one more time, and write the answers to the questions.

(1) _____.

(2) _____.

(3) _____.

(4) _____.

(5) _____.

4 Listen to the narration and fill in the blanks.

서리나의 집은 토론토에요. 서리나의 가족은 _____ 이에요.
부모님하고 언니하고 남동생이 있어요. 서리나는 오전 7 시에 일어나요.
그리고 _____ 에 아침을 먹어요. 서리나는 _____ _____ 매일 학교에 가요.
서리나 가방에는 책 _____ 하고 핸드폰하고 볼펜 두 개가 있어요.
서리나는 한국어 반에서 친구들을 만나요. 서리나는 친구들하고 같이 점심도 먹어요.
서리나는 _____ _____ 에 한국 문화 클럽*에도 가요.
한국 문화 클럽은 한인회관*에서 해요. 한국 문화 클럽에 학생들이 많이 와요.
이번 주말에 서리나는 한국 문화 클럽에서 한국 영화를 봐요.
그리고 일요일에 서리나는 운동하러 공원에 가요. 서리나는 _____ 운동해요.
서리나는 아주 _____.

* 클럽: club, *한인회관: the Korean community building

5 Listen to the above narration one more time, and answer the questions in Korean.

(1) _____.

(2) _____.

(3) _____.

(4) [ ].

(5) [ ].

6 **Listen to the questions and write your own answers in Korean.**

(1) [ ].

(2) [ ].

(3) [ ].

(4) [ ].

(5) [ ].

Workbook
Answers

①과 Workbook: 한글

3

(8) ① cake   ② coffee   ③ computer   ④ ice cream   ⑤ orange juice
⑥ taxi   ⑦ television   ⑧ sports   ⑨ Canada   ⑩ class
⑪ building   ⑫ campus   ⑬ roommate   ⑭ hamburger   ⑮ radio
⑯ pizza   ⑰ bus   ⑱ tennis

4

(1) 잎 [입], 옷 [옫], 낮 [낟], 빛 [빋], 꽃 [꼳]

(2) 잎이 [이피], 옷을 [오슬], 낮에 [나제], 빛이 [비치], 꽃이 [꼬치]

(3) 잎과 [입꽈], 옷도 [옫또], 낮과 [낟꽈], 빛조차 [빋쪼차], 꽃가마 [꼳까마]

(4) 일학년 [일항년], 이학년 [이항년], 삼학년 [삼항년], 사학년 [사항년], 반갑습니다 [반갑씀니다], 고맙습니다 [고맙씀니다]

(5) 국민 [궁민], 막내 [망내], 있는 [인는], 듣는다 [든는다], 입는 [임는], 앞문 [암문]

(6) ① 있어요 [이써요], 갔어요 [가써요], 닦아요 [다까요], 낚아요 [나까요]
② 넋 [넉], 넋이 [넉씨], 앉다 [안따], 앉아요 [안자요], 많소 [만쏘], 넓어요 [널버요], 외곬 [외골], 훑다 [훌따], 싫소 [실쏘], 값 [갑]
③ 닭 [닥], 삶 [삼], 읊다 [읍따], 읽다 [익따], 읽어요 [일거요]

🎧 듣기 (Listening) & 쓰기 (Writing)

1

(1) ① 아   (2) ③ 이   (3) ② 으   (4) ④ 우   (5) ③ 애예
(6) ③ 어여   (7) ① 와   (8) ③ 웨(외, 왜)   (9) ① 의

2

(1) 아   (2) 애 (에)   (3) 웨(외, 왜)   (4) 위   (5) 얘(예)
(6) 야   (7) 요   (8) 오   (9) 유   (10) 워

3

(1) ① 가   (2) ② 모   (3) ① 서   (4) ③ 티   (5) ② 후
(6) ③ 뿌   (7) ② 쭈   (8) ② 쿠   (9) ③ 뛰   (10) ③ 빠
(11) ① 소   (12) ② 처   (13) ③ 카   (14) ① 그   (15) ② 깨
(16) ③ 토   (17) ① 무   (18) ① 버   (19) ③ 씨   (20) ③ 초
(21) ① 쥐   (22) ① 회

4

(1) 가   (2) 푸   (3) 조   (4) 꼬   (5) 투
(6) 로   (7) 끄   (8) 쩌   (9) 까   (10) 또

5

(1) ③ 치다   (2) ② 끄다   (3) ① 보다   (4) ② 피자   (5) ① 소비
(6) ③ 저기   (7) ① 고기   (8) ② 너무   (9) ③ 시구   (10) ③ 코피
(11) ① 무리   (12) ③ 호호

6

(1) ② 봄   (2) ③ 뿔   (3) ① 술   (4) ① 솜   (5) ② 겨울   (6) ① 반

7

(1) ② 솔   (2) ① 옥   (3) ② 붓   (4) ② 꽃   (5) ③ 돕

8

(1) 이   (2) 츠   (3) 스   (4) 바   (5) 고

(6) 치   (7) 마   (8) 니   (9) 워   (10) 크

(11) 터   (12) 파   (13) 알   (14) 컴   (15) 림

2과 Workbook: 안녕하세요?

🎧 단어 (Vocabulary)

1

남자	여자	선생님	학생

2

한국 사람	캐나다 사람	미국 사람	영국 사람	일본 사람	중국 사람

3

1	**2**	**3**	**4**
일학년	이학년	삼학년	사학년

4

한국어 반	시계	책	책상

5

			ENGLISH	
한국어	경제학	동아시아학	영어	음악

📝 문법 (Grammar)

1

(1) 은　　(2) 는　　(3) 는　　(4) 는　　(5) 은

(6) 는　　(7) 은　　(8) 는　　(9) 는

2

(1) 예요　(2) 이에요　(3) 이에요　(4) 이에요　(5) 예요　(6) 이에요

3

(1) 서리나는 캐나다 사람이에요.　　(2) 벤은 학생이에요.　　(3) 줄리아는 이학년이에요.

(4) 샤닐은 남자예요.　　(5) 저는 (Your nationality) 사람이에요.

4

(1) 서리나는 미국 사람이 아니에요.　　(2) 벤은 선생님이 아니에요.　　(3) 줄리아는 사학년이 아니에요.

(4) 샤닐은 여자가 아니에요.　　(5) 저는 한국 사람이 아니에요.

5

(1) 아니요, 한국 사람 아니에요. 캐나다 사람이에요.　　(2) 아니요, 미국 사람 아니에요. 중국 사람이에요.

(3) 아니요, 일본 사람 아니에요. 미국 사람이에요.　　(4) 아니요, 선생님 아니에요. 학생이에요.

(5) 아니요, 경찰관 아니에요. 요리사예요.　　(6) 아니요, 기자 아니에요. 회사원이에요.

6

(1) 벤이　　(2) 서리나가　　(3) 준이　　(4) 내가　　(5) 제가

(6) 이름이　　(7) 전공이

7

(1) 는, 는　　(2) 는, 도　　(3) 는, 이, 도　　(4) 이　　(5) 가

(6) 이, 가, 이

8

(1) 그게　　(2) 이게　　(3) 저게　　(4) 이게　　(5) 저게

🗣 말하기 (Speaking) & 읽기 (Reading)

1

(1) ③　　(2) ④

2

(1) ④　　(2) ①　　(3) ②　　(4) ②　　(5) ①

3

(1) F　　(2) F　　(3) F　　(4) T　　(5) F

(6) T

🎧 듣기 (Listening) & 쓰기 (Writing)

1

(1) 안녕하세요? 저는 벤이에요.　　(2) 저는 삼학년이에요.

(3) 아니요, 한국 사람이 아니에요. 캐나다 사람이에요.　　(4) 이름이 뭐예요?

(5) 시계예요.

2

Script

> (1) 서리나는 캐나다 사람이에요. 일학년이에요.　　(2) 벤은 미국 사람이에요. 일학년이에요.
> (3) 줄리아는 중국 사람이에요. 이학년이에요.　　(4) 샤닐은 캐나다 사람이에요. 삼학년이에요.
> (5) 리아는 한국 사람이에요. 사학년이에요.　　(6) 준은 한국 사람이에요. 삼학년이에요.

(1) 서리나 – 캐나다 – 일학년 　　(2) 벤 – 미국 – 일학년

(3) 줄리아 – 중국 – 이학년 　　(4) 샤닐 – 캐나다 – 삼학년

(5) 리아 – 한국 – 사학년 　　(6) 준 – 한국 – 삼학년

3

Script

> (1) A: 서리나가 한국 사람이에요?　　B: 아니요, 서리나는 캐나다 사람이에요.
> 　　A: 서리나가 선생님이에요?　　B: 아니요. 서리나는 선생님이 아니에요. 학생이에요.
> 　　A: 서리나가 삼학년이에요?　　B: 아니요, 서리나는 일학년이에요.
> (2) A: 미쉘이 캐나다 사람이에요?　　B: 아니요, 미쉘은 일본 사람이에요.
> 　　A: 미쉘이 학생이에요?　　B: 네, 미쉘은 학생이에요.
> 　　A: 미쉘이 일학년이에요?　　B: 아니요, 미쉘은 사학년이에요.
> (3) A: 존이 캐나다 사람이에요?　　B: 아니요, 존은 한국 사람이에요.
> 　　A: 존이 선생님이에요?　　B: 네, 존은 선생님이에요.
> (4) A: 마크가 캐나다 사람이에요?　　B: 아니요, 마크는 중국 사람이에요.
> 　　A: 마크가 학생이에요?　　B: 아니요, 학생이 아니에요.
> (5) A: 알렉스가 일본 사람이에요?　　B: 아니요, 알렉스는 미국 사람이에요.
> 　　A: 알렉스가 선생님이에요?　　B: 아니요, 알렉스는 학생이에요.
> 　　A: 알렉스가 이학년이에요?　　B: 아니요, 일학년이에요.

(1) 서리나 – 캐나다 – 학생 – 일학년 　　(2) 미쉘 – 일본 – 학생 – 사학년

(3) 존 – 한국 – 선생님 　　(4) 마크 – 중국 – 학생이 아니에요

(5) 알렉스 – 미국 – 학생 – 일학년

4

Script

> (1) A: 이름이 뭐예요?　B: 저는 케빈이에요.　　A: 전공은 뭐예요?　B: 경제학이에요.
> (2) A: 이름이 뭐예요?　B: 저는 알렉스예요.　　A: 전공은 뭐예요?　B: 동아시아학이에요.
> (3) A: 이름이 뭐예요?　B: 저는 다니엘이에요.　　A: 전공은 뭐예요?　B: 법학이에요.
> (4) A: 이름이 뭐예요?　B: 저는 미쉘이에요.　　A: 전공은 뭐예요?　B: 언어학이에요.
> (5) A: 이름이 뭐예요?　B: 저는 마이클이에요.　　A: 전공은 뭐예요?　B: 교육학이에요.
> (6) A: 이름이 뭐예요?　B: 저는 제니예요.　　A: 전공은 뭐예요?　B: 음악이에요.

(1) 케빈 – 경제학 　　(2) 알렉스 – 동아시아학 　　(3) 다니엘 – 법학

(4) 미쉘 – 언어학 　　(5) 마이클 – 교육학 　　(6) 제니 – 음악

5

Script

> (1) A: 이게 뭐예요?　B: 가방이에요.　　(2) A: 그게 뭐예요?　　B: 시계예요.
> (3) A: 저게 뭐예요?　B: 책이에요.　　(4) A: 이게 뭐예요?　　B: 창문이에요.

(5) A: 그게 뭐예요?　B: 필통이에요.　　　(6) A: 저게 뭐예요?　B: 지우개예요.

(7) A: 이게 뭐예요?　B: 침대예요.　　　(8) A: 그게 뭐예요?　B: 연필이에요.

(9) A: 저게 뭐예요?　B: 커피예요.　　　(10) A: 이게 뭐예요?　B: 옷이에요.

(11) A: 그게 뭐예요?　B: 바나나예요.　　(12) A: 저게 뭐예요?　B: 의자예요.

(1) 가방	(2) 시계	(3) 책	(4) 창문	(5) 필통	(6) 지우개
(7) 침대	(8) 연필	(9) 커피	(10) 옷	(11) 바나나	(12) 의자

6

(1) 한국 사람이	(2) 미국 사람	(3) 일학년	(4) 전공은	(5) 반 학생	(6) 캐나다
(7) 도	(8) 삼학년	(9) 이학년	(10) 선생님은	(11) 친절해요	

7

> **Script**
>
> 알렉스: 안녕하세요? 저는 알렉스예요.
>
> 미쉘: 안녕하세요. 저는 미쉘이에요. 알렉스는 캐나다 사람이에요?
>
> 알렉스: 아니요, 저는 캐나다 사람이 아니에요. 미국 사람이에요. 미쉘은 캐나다 사람이에요?
>
> 미쉘: 아니요, 저도 캐나다 사람이 아니에요. 저는 일본 사람이에요. 알렉스는 일학년이에요?
>
> 알렉스: 네, 저는 일학년이에요. 미쉘도 일학년이에요?
>
> 미쉘: 아니요, 저는 사학년이에요. 전공이 뭐예요?
>
> 알렉스: 동아시아학이에요.
>
> 미쉘: 그래요? 저는 언어학이에요.

(1) F	(2) T	(3) T	(4) T	(5) F	(6) T

8

> **Script**
>
> 안녕하세요? 저는 제니예요. 저는 한국 사람이 아니에요. 필리핀 사람이에요. 저는 삼학년이에요. 전공은 음악이에요. 저는 한국어 반 학생이에요. 줄리아도 한국어 반 학생이에요. 줄리아는 중국 사람이에요. 생물학 전공해요. 줄리아는 이학년이에요.
>
> **Question script**
>
> (1) 제니는 캐나다 사람이에요?　　　(2) 제니는 전공이 뭐예요?
>
> (3) 제니는 선생님이에요?　　　　　(4) 줄리아도 한국어 반 학생이에요?
>
> (5) 줄리아는 일학년이에요?　　　　(6) 줄리아는 전공이 동아시아학이에요?

(1) 아니요, 캐나다 사람이 아니에요.　　　　(2) 음악이에요.

(3) 아니요, 선생님이 아니에요.　　　　　　(4) 네, 줄리아도 한국어 반 학생이에요.

(5) 아니요, 줄리아는 이학년이에요.　　　　(6) 아니요, 줄리아는 전공이 동아시아학이 아니에요.

9

> **Question script**
>
> (1) 이름이 뭐예요?　　　　　　(2) 한국 사람이에요?
>
> (3) 선생님이에요?　　　　　　(4) 일학년이에요?
>
> (5) 전공이 뭐예요?　　　　　　(6) 한국어 반 학생이에요?

10

(1)

서	리	나	는		캐	나	다		사	람	이	에	요	.

(2)

저	는		일	학	년	이	에	요	.

(3)

벤	은		사	학	년	이		아	니	에	요	.

(4)

이	게		뭐	예	요	?

(5)

이	름	이		뭐	예	요	?

(6)

마	크	는		대	학	생	이	에	요	?

(7)

아	니	요	,		대	학	생	이		아	니	에	요	.
요	리	사	예	요	.

(8)

줄	리	아	도		한	국	어		반		학	생	이	에	요	.

(9)

준	은		선	생	님	이		아	니	에	요	.
학	생	이	에	요	.

3과 Workbook: 어디 있어요?

🎧 단어 (Vocabulary)

1

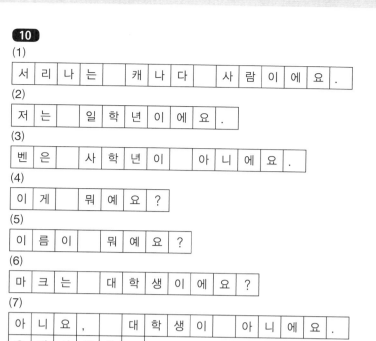

의자	연필	가방	아침	커피	음식
고양이	지우개	우산	칠판	모자	

2

빌딩	대학교	식당	우체국	교실
도서관	방	집	서점	기숙사

3

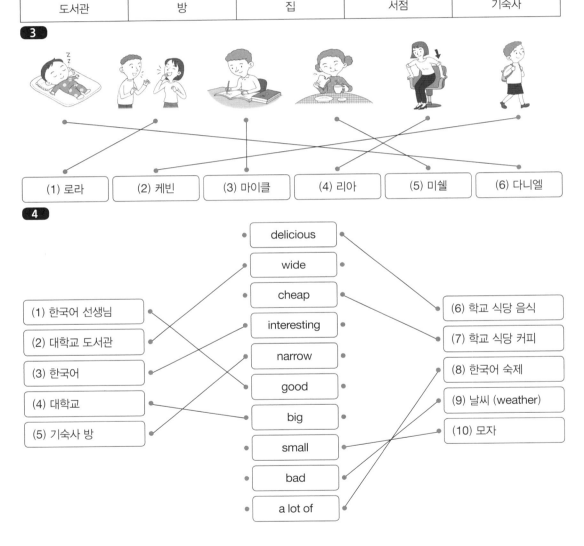

(1) 로라	(2) 케빈	(3) 마이클	(4) 리아	(5) 미쉘	(6) 다니엘

4

- delicious
- wide
- cheap
- interesting
- narrow
- good
- big
- small
- bad
- a lot of

(1) 한국어 선생님
(2) 대학교 도서관
(3) 한국어
(4) 대학교
(5) 기숙사 방

(6) 학교 식당 음식
(7) 학교 식당 커피
(8) 한국어 숙제
(9) 날씨 (weather)
(10) 모자

1

(1) 책상 위　　(2) 의자 뒤　　(3) 우체국 옆　　(4) 가방 안　　(5) 도서관 앞　　(6) 의자 밑

2

(1) F　　(2) T　　(3) F　　(4) F　　(5) T

3

(1) 뒤에　　(2) 앞에　　(3) 옆에　　(4) 위에　　(5) 밑에

(6) 학교는 병원/가게 옆에 있어요. or 학교는 은행 앞에 있어요.

(7) 체육관은 백화점 위에 있어요. or 체육관은 은행/도서관 옆에 있어요. or 체육관은 가게 뒤에 있어요.

4

(1) 가방 옆에 책상이 있어요　　　　(2) 책상 앞에 의자가 있어요

(3) 책상 위에 컴퓨터가 있어요　　　　(4) 책 옆에 시계가 있어요

(5) 방 안에 책상하고 의자하고 가방하고 시계하고 책하고 컴퓨터가 있어요.

5

(1) 은, 은, 은　　(2) 는　　(3) 는　　(4) 는, 은, 은

6

(1) 에, 는, 는, 에　　　　(2) 이, 은, 도, 은, 이　　　　(3) 에, 은, 에

(4) 은　　　　(5) 이, 는, 은, 은, 가, 하고, 가

7

(1) 도서관이 커요　　(2) 음식이 싸요　　(3) 수업이 많아요　　(4) 학생이 많아요

8

Adjective → Adj.

크다	앉다	맛있다	넓다	좋다	많다	싸다	먹다	재미있다	숙제하다
Adj.	Verb	Adj.	Adj.	Adj.	Adj.	Adj.	Verb	Adj.	Verb

9

Predicates	Stem	Ending
먹다	먹	다
싸다	싸	다
재미있다	재미있	다
크다	크	다
좋다	좋	다
가다	가	다

10

Dictionary form	Polite form	Dictionary form	Polite form
좋다	좋아요	괜찮다	괜찮아요
맛있다	맛있어요	이야기하다	이야기해요
앉다	앉아요	넓다	넓어요

많다	많아요	먹다	먹어요
재미있다	재미있어요	숙제하다	숙제해요
작다	작아요	가다	가요
자다	자요	크다	커요

11

이야기해요	숙제해요	자요	먹어요	앉아요	가요

많아요	맛있어요	작아요	재미있어요	좋아요
넓어요	괜찮아요	커요	싸요	나빠요

12

(1) 해요, 숙제해요　　(2) 가요　　　　(3) 먹어요　　　(4) 앉아요　　(5) 이야기해요

13

(1) 싸요/맛있어요　　(2) 맛있어요/싸요　(3) 넓어요/커요　(4) 많아요　　(5) 재미있어요

(6) 커요/작아요/넓어요　(7) 커요/작아요/넓어요

14

(1) 그리고 친절해요　　　　　(2) 그리고 일본어도 공부해요　　　(3) 그리고 서점도 있어요

(4) 그리고 도서관도 넓어요　　(5) 그리고 커피도 맛있어요　　　(6) 그리고 K-드라마도 재미있어요

🔊 말하기 (Speaking) & 읽기 (Reading)

1

(1) ①　　　　　(2) ④

2

(1) ②　　　　(2) ②　　　　(3) ①　　　　(4) ①　　　　(5) ④

(6) ①　　　　(7) ③　　　　(8) ③　　　　(9) ④　　　(10) ②

3

(1) T　　　　(2) F　　　　(3) F　　　　(4) F　　　　(5) T　　　　(6) F

🎧 듣기 (Listening) & 쓰기 (Writing)

1

(1) 감사합니다.　　(2) 괜찮아요.　　(3) 아주 커요.　　(4) 맛있어요.

(5) 우체국에　　(6) 교실 안에　　(7) 숙제해요.　　(8) 이건 연필

(9) 서점하고 우체국이　　(10) 그런데 숙제가 많아요.

2

Script

(1) 한국어 교실은 토리빌딩 안에 있어요.　　(2) 기숙사는 우체국 뒤에 있어요.

(3) 우체국은 식당 옆에 있어요.　　(4) 서점은 기숙사 밑에 있어요.

(5) 도서관은 학교 식당 앞에 있어요.　　(6) 식당은 서점 위에 있어요.

(1) 한국어 교실　　(2) 기숙사　　(3) 우체국　　(4) 서점　　(5) 도서관　　(6) 식당

| 기숙사 _밑_ | 식당 _옆_ | 학교 식당 _앞_ | 우체국 _뒤_ | 토리 빌딩 _안_ | 서점 _위_ |

3

집은 / 작아요 / 의자 / 위에는 / 하고 / 밑에는 / 지금 / 재미있어요 / 조금 많아요 / 식당에 / 음식 / 커피도 맛있어요

4

Script

벤: 안녕, 서리나, 지금 어디 가요?

서리나: 도서관에 가요. 한국어 숙제가 조금 많아요.

벤: 한국어 수업은 어때요?

서리나: 아주 재미있어요. 그리고 학생도 많아요. 벤은 어디 가요?

벤: 학교 서점에 가요.

서리나: 아, 그래요? 학교 서점은 어디 있어요?

벤: 섭 빌딩 안에 있어요. 섭 빌딩 안에 학교 식당도 있어요.

서리나: 학교 식당 음식은 어때요?

벤: 맛있어요. 그리고 커피도 싸요.

(1) F　　(2) T　　(3) T　　(4) F　　(5) T　　(6) T

5

Script

저는 서리나예요. 제 집은 기숙사에 있어요. 저는 지금 도서관에 가요. 한국어 숙제가 조금 많아요. 그런데 한국어 수업은 재미있어요. 그리고 학생도 많아요. 벤도 한국어 수업 학생이에요. 벤은 지금 학교 식당에 가요. 학교 식당은 우체국 앞에 있어요. 그리고 기숙사 밑에도 있어요. 학교 식당은 음식이 많아요. 햄버거하고 피자하고 타코하고 샌드위치가 있어요. 학교 식당 옆에는 도서관이 있어요. 도서관이 아주 커요. 그리고 책도 많아요.

(1) 서리나 집은 기숙사에 있어요   (2) 서리나는 지금 도서관에 가요   (3) 벤은 지금 학교 식당에 가요

(4) 학교 식당에 Hamburger하고 pizza하고 Taco하고 Sandwich가 있어요   (5) 학교 도서관은 아주 커요

6

> **Script**
>
> (1) 학교 식당이 어디 있어요?   (2) 한국어 교실에 뭐가 있어요?
>
> (3) 지금 뭐 해요?   (4) 대학교가 어때요?
>
> (5) 한국어 수업이 어때요?   (6) 학교 식당 음식이 싸요?

4과 Workbook: 시간 있으세요?

🎧 단어 (Vocabulary)

1

교과서	돈	물	밥	볼펜	빵
사과	사전	옷	주스	지갑	차

2

컴퓨터	텔레비전	영화	연구실	내일	문화

3

오늘	시간이 있어요	시험 봐요	우리는 친구예요.	질문이 있어요

가르치다	공부하다	마시다	만나다	알다	읽다

5

인사하다	수영하다	전화하다	좋아하다	들어오다

6

맛없다	바쁘다	재미없다	없다	있다

✎ 문법 (Grammar)

1

(1) T   (2) T   (3) F   (4) F   (5) F

(6) T   (7) T   (8) F

2

(1) 교과서가 있어요.   (2) 시험이 있어요.   (3) 시간이 있어요.

(4) 질문이 있어요.   (5) 한국어 수업이 있어요.

3

(1) 있어요, 없어요   (2) 있어요, 있어요   (3) 있어요, 없어요

(4) 있어요, 없어요

4

(1) 지우개 있어요, 있어요   (2) 우산 있어요, 있어요   (3) 시간 있어요, 없어요

(4) 모자 있어요, 있어요   (5) 교과서 있어요, 네, 있어요/ 아니요, 없어요

5

(1) 이에요   (2) 이에요   (3) 있어요   (4) 있어요   (5) 예요

(6) 이에요   (7) 있어요

6

(1) 아니에요   (2) 이에요, 아니에요   (3) 있어요, 없어요   (4) 있어요, 있어요

7

(1) 그래서   (2) 그리고   (3) 그런데   (4) 그리고   (5) 그런데   (6) 그래서

8

Answers will vary.

Dictionary form	–어요/아요	–(으)세요
괜찮다	괜찮아요	괜찮으세요
넓다	넓어요	넓으세요
많다	많아요	많으세요
먹다	먹어요	드세요
앉다	앉아요	앉으세요
읽다	읽으세요	읽으세요
있다 (Possession)	있어요	있으세요
재미있다	재미있어요	재미있으세요
좋다	좋아요	좋으세요
가다	가요	가세요
싸다	싸요	X
자다	자요	주무세요
크다	커요	크세요
공부하다	공부해요	공부하세요
숙제하다	숙제해요	숙제하세요
이다	이에요/예요	이세요
아니다	아니에요	아니세요

10

(1) 이세요 (2) 아니세요 (3) 많으세요 (4) 바쁘세요 (5) 가세요
(6) 크세요 (7) 읽으세요 (8) 좋아하세요 (9) 마시세요 (10) 재미있으세요
(11) 많으세요 (12) 주무세요 (13) 드세요

11

(1) 있으세요, 없어요 (2) 있어요, 없어요 (3) 좋으세요
(4) 많아요, 많아요 (5) 있으세요, 없어요

12

(1) 열심히 공부하지 마세요. (2) 그 사람을 만나지 마세요. (3) 집에 가지 마세요.
(4) 그 책을 읽지 마세요. (5) 음식을 먹지 마세요. (6) 수업 시간에 이야기하지 마세요.
(7) 수업 시간에 숙제하지 마세요. (8) 책상에 앉지 마세요. (9) 수업 시간에 자지 마세요.
(10) 도서관에 전화하지 마세요.

13

(1) 앉지 마세요 (2) 이야기하지 마세요 (3) 들어오지 마세요
(4) 먹지 마세요 (5) 자지 마세요 (6) 전화하지 마세요

14

밥(을)	영화(를)	물(을)	볼펜(을)
옷(을)	사과(를)	사전(을)	시험(을)

15

(1) 을 먹어요 (2) 를 해요 (3) 을 좋아해요 (4) 을 마셔요 (5) 을 읽어요

(6) 를 만나요 (7) 를 공부해요

16

(1) 있어요 (2) 읽어요 (3) 만나요 (4) 마셔요 (5) 좋아해요

(6) 교실에 있어요 (7) 재미없어요 (8) 있어요 (9) 공부해요

17

(1) 이 (2) 을 (3) 에 (4) 가 (5) 이, 도, 이

(6) 에 (7) 가 (8) 을 (9) 를 (10) 를

말하기 (Speaking) & 읽기 (Reading)

1

(1) ③ (2) ②

2

(1) ④ (2) ① (3) ① (4) ② (5) ③

(6) ② (7) ① (8) ①

3

(1) T (2) F (3) T (4) F (5) T (6) F

듣기 (Listening) & 쓰기 (Writing)

1

(1) 조금 바빠요. (2) 안녕히 계세요. (3) 아니요, 수업이 없어요.

(4) 아니요, 오늘은 수업이 많아요. (5) 네, 우산이 있어요. (6) 누구예요

(7) 가지 마세요. (8) 제가 오늘 시험 봐요. (9) 친구 만나요.

(10) 바나나를 좋아해요.

2

Script

샤닐: 안녕하세요, 선생님

선생님: 아, 샤닐, 들어오세요.

샤닐: 선생님, 지금 시간 있으세요?

선생님: 네, 시간 있어요. 오늘은 수업이 없어요. 샤닐은 오늘 수업 있어요?

샤닐: 네, 오늘 경제학 수업이 있어요.

선생님: 선생님이 누구세요?

샤닐: 마이클 선생님이세요.

선생님: 경제학 수업은 어때요?

샤닐: 아주 재미있어요. 선생님도 좋으세요. 그런데 저는 요즘 한국어도 재미있어요.

선생님: 그래요? 한국어 수업은 뭐가 재미있어요?

샤닐: 저는 한국 문화 이야기가 아주 재미있어요. 그리고 한국어 반에 친구도 많아요.

(1) F	(2) F	(3) T	(4) T	(5) T	(6) T

3

(1) 샤닐은 지금 선생님을 만나요.　　　(2) 아니요, 샤닐은 오늘 한국어 수업이 없어요.

(3) 경제학 선생님은 좋으세요.　　　　(4) 한국어 수업은 한국 문화 이야기가 재미있어요.

4

가르치세요 / 좋으세요 / 열심히 / 공부해요 / 내일 / 질문이 / 만나요

5

(1) 마이클 선생님은 경제학 수업을 가르치세요.　　　(2) 샤닐은 내일 한국어 수업에 가요.

(3) 숙제가 조금 많아요.　　　　　　　　　　　　　(4) 샤닐은 한국어 선생님 연구실에 가요.

(5) 샤닐은 질문이 있어요.

6

Answers will vary.

(5과) **Workbook:** 가족이 어떻게 돼요?

🎧 단어 (Vocabulary)

1

나	아버지	어머니	오빠	언니	여동생

2

나	부모님	누나	형	남동생	가족

3

할아버지	할머니	친척	형제	고등학생	대학원생

4

가게	공원	점심	건물	백화점	주말
영화관	커피숍	체육관	선물	생일	테니스

5

할아버지가 집에 <u>계시다</u>	기다리다	배우다	보다	사다
쇼핑하다	연습하다	오다	요리하다	운동하다
일하다	주다	치다	비싸다	

✏️ **문법 (Grammar)**

1

(1) ① 언니 ② 오빠 ③ 오빠 ④ 남동생 or ① 오빠 ② 언니 ③ 언니 ④ 남동생
(2) ① 누나 ② 여동생 ③ 여동생 ④ 형 or ① 여동생 ② 누나 ③ 누나 ④ 형

2

(1) 있어요, 있어요   (2) 계세요, 계세요   (3) 있어요, 없어요

(4) 있으세요, 없어요　　　　(5) 있어요, 예요　　　　(6) 있어요, 없어요

3

(1) 예요　　　(2) 있어요　　　(3) 있어요　　(4) 계세요　　(5) 있어요

(6) 이세요　　(7) 이에요　　(8) 있어요　　(9) 이에요　　(10) 이에요

(11) 이세요　　(12) 있어요　　(13) 예요　　(14) 있어요

4

Dictionary form	Polite form	Honorific form
마시다	마셔요	마시세요
보다	봐요	보세요
있다 (Possession)	있어요	있으세요
있다 (Existence)	있어요	계세요
만나다	만나요	만나세요
오다	와요	오세요
치다	쳐요	치세요
주다	줘요	주세요
일어나다	일어나요	일어나세요
비싸다	비싸요	X
예쁘다	예뻐요	예쁘세요
바쁘다	바빠요	바쁘세요
나쁘다	나빠요	나쁘세요
가다	가요	가세요
자다	자요	주무세요
사다	사요	사세요
싸다	싸요	X
지내다	지내요	지내세요
기다리다	기다려요	기다리세요
크다	커요	크세요
배우다	배워요	배우세요
들어오다	들어와요	들어오세요

5

(1) 어머니는 점심에 보통 차를 마시세요. 그런데 저는 커피를 마셔요.

(2) 우리 어머니는 텔레비전을 보세요. 그런데 저는 영화관에서 영화를 봐요.

(3) 우리 어머니는 테니스를 치세요. 그리고 우리 형도 테니스를 쳐요.

(4) 아버지는 커피숍에서 친구를 기다리세요. 그런데 저는 백화점 앞에서 친구를 기다려요.

(5) 벤의 아버지는 중국어를 배우세요. 그런데 벤은 한국어를 배워요.

(6) 준의 할머니는 한국에 <u>계세요</u>. 그런데 준의 형은 캐나다에 있어요.

(7) 우리 할머니는 오늘 저녁에 캐나다에 <u>오세요</u>. 그리고 우리 언니도 오늘 할머니하고 같이 캐나다에 <u>와요</u>.

(8) 우리 할머니는 <u>바쁘세요</u>. 그리고 저도 바빠요.

(9) 우리 할아버지는 눈이 <u>나쁘세요</u>. 그리고 제 동생도 눈이 <u>나빠요</u>. (*눈이 나쁘다: have bad eyesight)

(10) 줄리아의 할아버지는 공원에서 친구를 <u>만나세요</u>. 그런데 줄리아는 체육관에서 친구를 <u>만나요</u>.

(11) 언니 생일에 우리 할아버지는 돈을 <u>주세요</u>. 그런데 저는 선물을 <u>줘요</u>.

(12) 우리 할머니는 아침에 공원에 <u>가세요</u>. 그리고 제 형도 아침에 공원에 <u>가요</u>.

6

(1) 교실에   (2) 식당에   (3) 집에서   (4) 공원에서   (5) 도서관에

7

(1) 에서   (2) 에   (3) 에   (4) 에   (5) 에서

(6) 에   (7) 에   (8) 에서

8

The answers may vary. The following answers are the examples.

(1) ① 도서관 – (한국어) 숙제해요 ② 영화관 – 영화 봐요 ③ 백화점 – 쇼핑해요 ④ 체육관 – 운동해요

(2) ① 학교 식당 – 점심 먹어요 ② 교실 – (한국어) 공부해요 ③ 집 – 자요 ④ 서점 – 책 읽어요

(3) ① 기숙사 – 요리 해요 ② 도서관 – (한국어) 숙제해요 ③ 공원– 운동해요 ④ 체육관 – 운동해요

(4) ① 영화관 – 영화 봐요 ② 백화점 – 쇼핑해요 ③ 도서관 – (한국어) 숙제해요 ④ 옷 가게 – 옷 사요

9

(1) 에서   (2) 에   (3) 에   (4) 에서   (5) 에서

(6) 에   (7) 에서   (8) 에

10

The answers may vary. The following answers are the examples.

(1) 선생님은 교실에서 한국어를 가르치세요.   (2) 서리나는 백화점에서 옷을 사요.

(3) 어머니는 집에서 한국 음식을 요리해요.   (4) 아버지는 체육관에서 테니스를 쳐요.

(5) 누나는 커피숍에서 친구를 만나요/ 오빠는 영화관에서 영화를 봐요/ 동생은 식당에서 한국 음식을 먹어요/ 벤은 집에서 한국 음악을 들어요, etc.

11

(1) 서리나의 우산   (2) 부모님의 집   (3) 언니의 가방

(4) 나의 것   (5) 우리 선생님   (6) 아버지의 생일

(7) 누구의 것 / 누구 거

12

(1) 서리나 거예요   (2) 벤 거예요   (3) 준 거예요

(4) 케빈 거예요   (5) 샤닐 거예요   (6) 리아 거예요

🗣️ 말하기 (Speaking) & 읽기 (Reading)

1

(1) ④   (2) ③

2

(1) ③   (2) ②   (3) ①   (4) ②   (5) ④

(6) ③   (7) ①   (8) ①   (9) ④   (10) ④

3

(1) F   (2) F   (3) F   (4) T   (5) T   (6) T

1

(1) 제 집은 토론토예요.

(2) 저는 부모님하고 여동생이 있어요.

(3) 아니요, 빵만 있어요.

(4) 할아버지는 한국에 계세요.

(5) 저는 보통 생일 선물을 줘요.

(6) 친구하고 같이 운동해요.

(7) 우리 한국 음식 먹어요.

(8) 저 건물 안에 있어요.

(9) 저는 영화관에 가요.

(10) 저는 학교 식당에서 점심 먹어요.

(11) 우리 오빠 거예요.

2

가족은 / 여동생이 / 계세요 / 일하세요 / 고등학생이에요 / 배워요 / 생일 / 사요

3

(1) 리아의 부모님은 한국 사람이세요.

(2) 리아의 부모님은 캘거리에 계세요.

(3) 리아의 아버지는 은행에서 일하세요.

(4) 리아는 백화점에 가요.

(5) 내일은 리아의 여동생 생일이에요.

4

> **Script**
>
> 서리나: 어디 가요?
>
> 서리나: 그래요? 서리나는 형제가 많아요?
>
> 서리나: 부모님은 어디 계세요?
>
> 서리나: 여동생도 캘거리에 있어요?
>
> 서리나: 백화점에서 뭐 사요?
>
> 서리나: 그래요? 제 남동생도 테니스를 좋아해요.
>
> 리아: 백화점에 가요. 내일이 제 여동생 생일이에요.
>
> 리아: 아니요, 저는 여동생만 있어요.
>
> 리아: 제 부모님은 캘거리에 계세요.
>
> 리아: 네, 저만 에드먼턴에 있어요.
>
> 리아: 테니스 모자를 사요. 동생이 요즘 테니스를 배워요.

(1) F   (2) F   (3) F   (4) T   (5) T   (6) F

5

> **Question script**
>
> (1) 리아 가족이 어떻게 돼요?
>
> (2) 리아가 오늘 뭐 해요?
>
> (3) 리아는 형제가 어떻게 돼요?
>
> (4) 리아 여동생이 어디에 있어요?
>
> (5) 선물이 누구 거예요?

(1) 리아 가족은 부모님하고 여동생이 있어요.

(2) 리아는 오늘 백화점에 가요.

(3) 리아는 여동생만 있어요.

(4) 리아 여동생은 캘거리에 있어요.

(5) 선물은 리아 여동생 거예요.

6

> **Question script**
>
> (1) 가족이 어떻게 돼요?
>
> (2) 부모님이 어디 계세요?
>
> (3) 형제가 있어요?
>
> (4) 주말에 보통 뭐 해요?
>
> (5) 어디서 보통 점심을 먹어요?

Answers will vary.

Workbook: 지금 몇 시예요?

🎧 단어 (Vocabulary)

1

AM	PM	☀	☾	문	라디오
오전	오후	낮	밤	문	라디오
강아지	핸드폰	신발	필통	SEMESTER	전화번호
강아지	핸드폰	신발	필통	학기	전화번호

2

마리	권	일	학년	개	시	월
명	년	분	과	시간	살	번
층	달러	과목				

3

멋있다	걷다	듣다	노래하다	부지런하다	일어나다

4

(1) 월요일   (2) 화요일   (3) 수요일   (4) 목요일   (5) 금요일
(6) 토요일   (7) 일요일

✏️ 문법 (Grammar)

1
(1) 삼   (2) 오   (3) 구   (4) 이   (5) 사
(6) 육   (7) 십   (8) 칠   (9) 팔

2
(1) 삼십 칠   (2) 오십 구   (3) 구십 팔   (4) 이십 이   (5) 사십 삼
(6) 육십 일   (7) 백   (8) 칠십 오   (9) 팔십 팔

3
(1) 삼백 사십 칠   (2) 오백 삼십 팔   (3) 구백 칠
(4) 이천 삼백 칠십   (5) 사천 구백 이   (6) 육천 구십 구
(7) 만 팔백 팔십 구   (8) 칠만 구천 이십 삼   (9) 팔만 구백 사십 삼

4
(1) 셋   (2) 다섯   (3) 아홉   (4) 둘   (5) 넷
(6) 여섯   (7) 열   (8) 일곱   (9) 여덟

5
(1) 서른 일곱   (2) 쉰 아홉   (3) 아흔 여덟   (4) 스물 둘   (5) 마흔 셋
(6) 예순 하나   (7) 열 넷   (8) 일흔 다섯   (9) 여든 여덟

6
(1) 권   (2) 월   (3) 과   (4) 명   (5) 년
(6) 개   (7) 학년   (8) 일   (9) 마리   (10) 층
(11) 시간   (12) 살

7
(1) 이학년   (2) 유월 십사일   (3) 육 과   (4) 십 층   (5) 이천 이십 삼년   (6) 칠 만원

8
(1) 두 명   (2) 여섯 권   (3) 세 명   (4) 다섯 개   (5) 일곱 개   (6) 열 마리

9
(1) 학생 세 명   (2) 사삼구에 육칠이구   (3) 사과 두 개
(4) 책 사십 삼 권   (5) 고양이 열 한 마리   (6) 네 시간
(7) 이천 사백 달러   (8) 삼천 팔백 오십 원   (9) 이천 이십 팔년 오월 이십 육일
(10) 이 월   (11) 두 달   (12) 칠 과
(13) 팔 층   (14) 선생님 아홉 분/명   (15) 스무 명
(16) 사백 삼십 육 명

10
(1) 스무 살   (2) 오 층   (3) 학생이 열 다섯 명
(4) 고양이가 세 마리   (5) 십 이월 팔일   (6) 이만 오천 원
(7) 일곱 시간

11
(1) 한   (2) 두   (3) 네   (4) 여덟   (5) 열 한

12
(1) 한 시 삼십 분   (2) 열두 시 팔 분   (3) 세 시 이십 분
(4) 여덟 시 오십 분   (5) 열한 시 사십 오 분

146

13

Dictionary form	−어/아요	−(으)러
보다	봐요	보러
사다	사요	사러
쇼핑하다	쇼핑해요	쇼핑하러
주다	줘요	주러
치다	쳐요	치러
배우다	배워요	배우러
읽다	읽어요	읽으러
일하다	일해요	일하러
걷다	걸어요	걸으러
듣다	들어요	들으러

14

(1) 마시러 커피숍에 가요
(2) 들으러 한국어 교실에 가요
(3) 사러 서점에 가요
(4) 보러 영화관에 가요
(5) 만나러 연구실에 가요
(6) 운동하러 공원에 가요
(7) 테니스 치러 체육관에 가요

🗣 말하기 (Speaking) & 읽기 (Reading)

1
(1) ① (2) ②

2
(1) ④ (2) ② (3) ① (4) ③ (5) ①
(6) ③ (7) ③ (8) ④

3
(1) F (2) F (3) F (4) T (5) T (6) F

🎧 듣기 (Listening) & 쓰기 (Writing)

1
(1) 네, 오래간만이에요.
(2) 780-965-2134 번이에요.
(3) 4500 원이에요.
(4) 15 살이에요.
(5) 한국어를 세 시간 공부해요.
(6) 오전 열한 시 이십 분이에요.
(7) 오전 여덟 시 반에 학교에 가요.
(8) 공원에서 걸어요.
(9) 라디오를 들어요.
(10) 수업 들으러 학교에 가요.

2

Script

준: 안녕, 리아. 오래간만이에요.
리아: 네, 오래간만이에요. 요즘도 커피숍에서 일해요?
준: 네, 일요일에 커피숍에서 6시간 일해요. 리아는 요즘 어떻게 지내요?

리아: 저는 토요일에 친구 2명하고 같이 대학교 옆 공원에 가요. 공원이 아주 예뻐요. 준도 이번 토요일에 공원에 오세요.

준: 공원에서 뭐 해요?

리아: 테니스를 쳐. 그리고 30분 걸어요.

준: 친구들하고 몇 시에 공원에서 만나요?

리아: 토요일 오전 10시에 만나요. 내일 우리는 노래방에도 가요.

준: 그래요? 그럼, 저도 같이 가요.

리아: 좋아요. 그럼, 내일 오전 9시 반에 도서관 앞에서 만나요.

(1) F   (2) T   (3) T   (4) T   (5) F   (6) T

3

Question script

(1) 준은 일요일에 뭐 해요?

(2) 리아는 토요일에 뭐 해요?

(3) 공원이 어디 있어요?

(4) 리아는 공원에서 몇 분 걸어요?

(5) 리아는 내일 준을 몇 시에 어디에서 만나요?

(1) 준은 일요일에 커피숍에서 일해요.

(2) 리아는 토요일에 친구하고 같이 공원에 가요.

(3) 공원은 대학교 옆에 있어요.

(4) 리아는 공원에서 30 분 걸어요.

(5) 리아는 내일 준을 오전 9시 반에 도서관 앞에서 만나요.

4

다섯 명 / 8시 30분 / 수업을 / 들으러 / 세 권 / 토요일 / 오전 / 한 시간 / 부지런해요

5

Question script

(1) 서리나의 가족은 어떻게 돼요?

(2) 서리나는 몇 시에 일어나요?

(3) 서리나 가방에는 볼펜이 몇 개 있어요?

(4) 서리나는 언제 한국 문화 클럽에 가요?

(5) 서리나는 일요일에 뭐 해요?

(1) 서리나의 가족은 부모님하고 언니하고 남동생이 있어요.

(2) 서리나는 오전 7시에 일어나요.

(3) 서리나 가방에는 볼펜이 두 개 있어요.

(4) 서리나는 토요일 오전에 한국 문화 클럽에 가요

(5) 서리나는 일요일에 운동하러 공원에 가요.

6

Question script

(1) 가족이 몇 명이에요?

(2) 우리 교실이 몇 층에 있어요?

(3) 오늘이 며칠이에요?

(4) 학교에 보통 몇 시에 와요?

(5) 이번 학기에 몇 과목 들어요?

Answers will vary.

Memo

Memo

Memo